U0451407

杨大春　张尧均　主编

梅洛-庞蒂文集

第17卷

法兰西学院课程摘要
（1952-1960）

王亚娟　译

商务印书馆

Merleau-Ponty
Résumés de cours
Collège de France,1952-1960
本书根据 Gallimard 出版社 1968 年版译出

国家社会科学基金重大项目成果

总　　序

　　梅洛-庞蒂被称为"哲学家的哲学家"。他非常自然地接受了法国哲学主流传统,其哲学内在地包含了笛卡尔主义和反笛卡尔主义之间、观念主义与精神主义之间的张力;与此同时,他创造性地接受了现代德语哲学传统的影响,含混地将3H(黑格尔、胡塞尔和海德格尔)和3M(马克思、尼采和弗洛伊德三位怀疑大师)的思想综合在一起。这一哲学其实处于现代哲学与当代哲学转折点上,并因此在西方哲学的主流传统中占据着一个非常独特的位置。梅洛-庞蒂对以笛卡尔哲学和康德哲学为代表的早期现代哲学的批判反思、对以身体哲学或实存哲学为核心的后期现代哲学的理论贡献以及对以结构-后结构主义为理论支撑的当代哲学的重大启示,已经毫无争议地把他推入著名哲学家之列。

　　梅洛-庞蒂哲学在汉语学术界的翻译和研究起步比较晚,尽管在新千年以来取得了较大的进展,新生的研究力量也在不断壮大,但从总体上看仍然难以让人满意。笔者于2014年初提出的《梅洛-庞蒂著作集编译与研究》选题有幸获得国家社会科学基金重大招标项目资助,这里陆续出版的梅洛-庞蒂主要著作就是该重大项目在翻译方面的成果。收入本文集的译作既包括新译,也包括重译和修订。我们希望通过各种努力,为梅洛-庞蒂哲学以及法国哲学的深入研究提供相对可靠的文献。需要说明的是,由于梅洛-庞蒂著作在风格上的含混性，由于一些作品是在他死后经他人整理而成的，翻译难度是非常大的，我们欢迎相关专家和广大读者提出建设性和批评性的意见和建议。此外，由于这些译作是由10多位学者完成的，虽然课题组进行了一些沟通和协调，风格和术语选择上仍然不可能实现一致，这是需要学界和读者们谅解的。

德国学术界在胡塞尔著作、海德格尔著作的整理和出版方面有序推进，成果显著。法国学术界对梅洛-庞蒂著作的整理和出版也取得了相当大的进展，但还没有形成统一规划，至少没有出版全集之类计划。因此，我们在推出《梅洛-庞蒂文集》中文版时不可能参照统一的法文版。《文集》中文版将陆续出版梅洛-庞蒂生前已经出版或死后经整理出版的著述18卷，它们基本上反映了这位著名哲学家的思想全貌。梅洛-庞蒂于1961年突然英年早逝，留下了多达4000多页的手稿，它们大多是为他自己的研究和教学工作而作的准备，不是为读者写的，所以整理出版的难度非常大，从而进展缓慢。正因为如此，《文集》始终保持开放，在前述计划之外，未来将视情况翻译出版一些新整理出版的作品。

杨大春

2017年11月11日

中译者序

梅洛-庞蒂自1951年起任教于法兰西学院,本书是他执教期间所授课程的摘要。相关内容均由他本人撰写,在他生前已经发表在法兰西学院年鉴(*L'annuaire Cours et travaux du Collège de France*)上。它们始自1952年,止于1960年他的溘然长逝。梅洛-庞蒂的学生克洛德·勒弗尔辑合了这些文稿,将它们汇编为《课程摘要》一书。该书在1968年由巴黎的伽利玛出版社编辑出版,其英译版两年后付印[1]。法文版版权页明确表示:"我们感谢法兰西学院理事会允许我们复制这些文本"。

勒弗尔在法文版编者导言中说,梅洛-庞蒂本人出于教学目的而撰写这些篇目,它们是对教学关联手稿或内容的说明。需要指出,梅洛-庞蒂的系列手稿主要存放在法国国家图书馆手稿室梅洛-庞蒂中心[2],此外还有部分存放在国家档案馆的历史中心[3]。这些手稿涵盖了梅洛-庞蒂从1920年到1961年工作的大量文件,安德鲁博士在其博士论文[4]附录中介绍并梳理了这些文献。拙作

---

[1] M. Merleau-Ponty, *Themes from Lectures at Collège de France 1952-1960*, John O'Neil 译,西北大学出版社,1970。

[2] Le fond Merleau-Ponty du Département des manuscrits, division occidentale à la Bibliothèque Nationale de France, site Richelieu, Paris.

[3] Centre historique des Archives Nationales, Paris.

[4] Noble, Stephen Andrew, "Silence et langage, sur la phénoménologie de Merleau-Ponty, suivi d'une présentation de texts inédits de et sur Merleau-Ponty", thèse de doctorat dirigé par M. Renaud Barbaras, soutenance pris en 01/12/2007 à l'Université de Sorbonne-Paris I.

《通向自然之途——现象学与本体论之间的梅洛-庞蒂》,参照安德鲁博士的梳理,在附录中摘录了未刊手稿的编目信息[①]。依据梅洛-庞蒂手稿的编目信息,本书关联内容为手稿第 X-XVII 卷。

众所周知,法兰西学院阶段是梅洛-庞蒂晚期思想的形成阶段,是他在《知觉现象学》等早期文本之后,推进现象学的方法、拓展哲学研究主题的阶段,对理解他晚期思想的运思和形成过程至关重要。本书按编年顺序记录梅洛-庞蒂在法兰西学院的授课摘要,它们延续八年共计十三篇。其内容涵盖众多领域,其中"感性世界与表达世界"、"关于语言的文学使用研究"和"言语问题"三篇,关联于法国文学、语言哲学;"一种历史理论的素材"、"个体和公共历史中的'建制'"相关于西方马克思主义和社会历史理论;"被动性问题:睡眠、无意识和记忆"与精神分析密切关联;"辩证哲学"、"关于辩证法的各种文本和评论"相关于哲学史上的辩证思维;"哲学的可能性"评述黑格尔、马克思以来的哲学追求,它在现象学方法上与"现象学极限上的胡塞尔"汇合;另外三篇"自然"系列:"自然的概念","自然的概念(续)","自然和逻各斯",是对哲学史和现代科学(物理学和生物学等)中自然概念的总结和反思。需要指出,本书部分篇目曾刊载于其它著作中,其中三篇与"自然"关联的摘要曾再刊于《自然:法兰西学院课程笔记》一书中[②];《现象

---

① 王亚娟:《通向自然之途——现象学与本体论之间的梅洛-庞蒂》,中国社会科学出版社,2014 年,第 243-244 页。

② 这三篇文章的译文曾刊于拙作《通向自然之途——现象学与本体论之间的梅洛-庞蒂》中,收入本书时进行了详细的修改和校对。参见:*Le concept de Nature*,*La Nature*,*Notes*,*Cours du Collège de France. Établi et annoté par Dominique Séglard*. 巴黎:色伊出版社,1995,第 353-369 页;王亚娟:《通向自然之途:现象学与本体论之间的梅洛-庞蒂》,中国社会科学出版社,2014 年,第 210-232 页。

学极限上的胡塞尔》、《哲学的可能性》曾刊载于《法兰西思想评论》第五辑①,这两篇文章最早由张尧均先生译出,他的译稿为本书提供了有益的参照。

需要指出,《课程摘要》因其思想的连贯性和语言的凝练性在梅洛-庞蒂晚期作品中别具一格。之所以这样说,是因为《课程摘要》和《世界的散文》、《可见的与不可见的》、《自然》等都是他晚期思想的产物,它们在内容主题上相互呼应、互为参照;但因为《课程摘要》的文字均由梅洛-庞蒂本人完成,相关篇目在他生前均已审定出版,因此该书区别于其它未完成的书稿、手稿,以其凝练的语言钩沉梅洛-庞蒂晚期思想的丰富内容与运思线索。对于无法查阅手稿而又想要了解他这一阶段运思过程的学者而言,这本小册子曾为研究者提供了索引和便利,因而在专业领域被广泛阅读、研究和引用。即便是在梅洛-庞蒂手稿和翻译不断出版的今天,面对他晚期研究问题的多样性、严格性与深刻性,这一文本以浓缩的语言为教学划定的言说范围和推进路径,仍然对研究者具有重要的启示和参照作用。

作为课程摘要,原作凝练的语言包含了丰富而深刻的内容。其丰富性不仅限于语言本身,同时体现在文字格式上,比如斜体、大小写和括号等。由于中法文书写上的差异,译文在格式上适当做出调整,具体而言:原文的斜体在译文中下标着重号;原文对同一词语区分首字母的大小写时,如être与Être,nature与Nature,objet与Objet等,中文用"**加粗**"字体表示首字母大写;原文放入

---

① 《法兰西思想评论》第五辑,同济大学出版社,2010年,第243-255页。

圆括号的解释或注释，在译文中也放入圆括号()之中；若原文圆括号内是德文术语时，译文在圆括号内另加方括号附上德文，如：（无化之无[nichtiges nicht]）。

在一些重要概念的翻译上，译文根据其来源的不同予以分别对待。首先，对于梅洛-庞蒂独创性地使用的概念，既有译本已有约定俗成的译名的，本书一般予以采纳，比如"肉身"作为 chair 的译名等。对于尚未形成固定译名的概念，遵从摘要与课程手稿一致的原则。比如：1954-1955 年的课程，"个体和公共历史中的'建制'"，本书内容与《梅洛-庞蒂文集》第 16 卷：《建制·被动性》对应，因此摘要译名与课程翻译保持一致。

其次，对于梅洛-庞蒂从日常表达中挑选的概念，因他同时在日常和特殊意义上使用，比如 ambiguë 这个词及其名词形式，翻译视具体情况分而处之。当梅洛-庞蒂用它来描述自己的问题时，本书并未采用通常的译法："模糊的"、"暧昧的"，而是译为"两间的"，以突出他对居间关系问题的持续探究；当它被用来描述其他学者的观点或问题时，是在日常意义上使用的，翻译采用了既有的译名，即"模糊的"。读者可参照描述对象区分译名，亦可根据译名区分梅洛-庞蒂的不同用法。

第三，对于梅洛-庞蒂借用他人（或其它语言）的表达，翻译尽可能保持原来的含义或风格。以梅洛-庞蒂从胡塞尔那里借用的德语词"Ineinander"为例，它多次出现在不同时段的课程摘要中，如"个体和公共历史中的'建制'"、"自然的概念"系列等。梅洛-庞蒂在使用这一表达时并没有把它翻译成法文，而是参照胡塞尔的用法做出解释。这个词很难在法文和中文中找到对应，笔者在此前的研究和翻译中曾尝试过不同的译名,诸如源自于佛典的"互具",一般意义上的"相互包含"等,它们要么失之通俗,要么不够确切,始终无法让人满意。在本卷和同为笔者翻译的《梅洛-庞蒂文集》第 15 卷——《自然》中,这个术语被统一译为"相互内含",以突出其相互、包含与内在性这三重意义。此外,本书还有一定数量源自德文的词汇,附录的汉西词汇表罗列法文、德文或兼而有之,方便读者查阅。对于译名仍未适切之处,只能留待未来的探讨与研究。

在不影响表达连贯性和流畅性的基础上,为了尽可能化解读者由于不同背景可能存在的阅读困难,译文补充注释了人名、著作及关联信息。这些贯穿于译稿中,注释统标注**中译注**。此外,译文参照英译本所添加的部分注释则标记为**英译注**,这些主要关联于一些外文参考文献。如果注释不止一种,则分别依据类型逐一予以标注。

尽管本书体量短小,但由于其涉猎主题众多,翻译不得不求助于大量参考文献来克服表达的陌生性。尤其需要指出的是,英译者约翰·奥尼尔先生在文献上所做的补充,不仅为阅读提供了确切的背景,而且为笔者的理解和翻译提供了重要的参照。对于英译本仍无法提供的文献信息,笔者尽可能通过查阅关联资料来消除文本障碍。限于笔者的水平,译稿不免存在疏漏,敬请诸位读者批评指正。

壬寅(2022 年)冬月
于方寸轩

目　　录

1952–1953 ……………………………………………… 1
　　感性世界与表达世界 ………………………………… 3
　　关于语言的文学使用研究 …………………………… 9
1953–1954 ……………………………………………… 15
　　言语问题 ……………………………………………… 17
　　一种历史理论的素材 ………………………………… 23
1954–1955 ……………………………………………… 31
　　个体和公共历史中的"建制" ………………………… 33
　　被动性问题：睡眠、无意识和记忆 ………………… 38
1955–1956 ……………………………………………… 43
　　辩证哲学 ……………………………………………… 45
　　关于辩证法的各种文本与评论 ……………………… 50
1956–1957 ……………………………………………… 53
　　自然的概念 …………………………………………… 55
1957–1958 ……………………………………………… 75
　　自然的概念（续）：动物性，人的身体，通向文化 …… 77

目 录

1958－1959 ·· 85
　　［哲学的可能性］ ······································· 87
1959－1960 ·· 97
　　现象学极限上的胡塞尔 ································ 99
　　自然和逻各斯：人的身体 ······························ 107

附录一　法汉词汇对照表 ································· 113
附录二　汉法词汇对照表 ································· 116
附录三　中西人名对照表 ································· 120
译后记 ·· 122

1952—1953

周四的课程

感性世界与表达世界

当代思想乐于承认,感性世界与感性意识应该按照它们的原型被描述,然而所发生的一切似乎是,这些描述并未影响我们对存在和主体性的定义,而当我们最终考察知识与评判的各种高级形式时,我们似乎总是借助赋予意义的纯粹能力而把主体界定为一种绝对俯视的能力。任何考虑感性意识的限度的尝试,都被斥为向自然主义甚或泛神论的倒退。相反,我们打算指出的是,哲学家在与知觉的关联中,知道了与存在之间的关系,这使对知性的新的分析成为必然的且是可能的。这是因为,一个被感知的事物的意义,尽管使此事物与其它一切事物相区分,仍然没有脱离此事物在那里显现的各种事物的排列;它只能作为某种间距被表达出来,相关于我们置身于其中的空间、时间、运动和一般而言的含义层面的间距;它只能作为我们经验领域的一种系统的变形而被给予,而我们还不能命名这个领域的原则。任何知觉只有在是它所蕴含的却未主题化的一个视域或一个背景的相对的非知觉时,才是对某物的知觉。因而,相对于它所假定的而非当面凝视的相即的理想,知觉意识是间接的甚或是反向的。因此,如果被感知的世界被理解为一个开放的场,那么,把其余一切东西都还原为它,与把一个完全不由于它的"观念世界"重叠在它上面,会是同样荒谬的。当我们从我们身陷其中的感性世界进入我们设法捕捉各种意义并使之可自由使用的表达世界时,确实有一种翻转,但是这种翻转和针对真实的"逆向运动"是由一种知觉预期所召唤的。像语言获得的那样严格意义上的表达,恢复和扩展了在被感知世界的"考古学"中被揭示的另一种表达。

我们已经以运动现象为例研究了这一翻转和过渡。问题在于表明,最简单的运动知觉假定了一个空间上被定位于、被接纳到世界之中的主体,与此相应,运动则承担了分散在感性世界中的整个意义,并在各种无声的艺术中变成表达的普遍方式。

作为位置改变或一个"运动物体"与其坐标间的关系变化的运动,是一种可回溯的图式,是我们对于运动的肉身经验的最终表达。如同芝诺以来人们经常表明的,它一旦脱离它的各种知觉起源,就是不可描绘的且自身瓦解了。然而,为了使它可理解,如柏格森所言那样,仅仅回到内在的真实运动,即回到我们的运动是不足够的:必须理解我们的动作的直接统一如何扩展到各种外部显像上面,并且如何使一种在客观思维看来非实在的转变在其中是可能的。在我们看来,格式塔理论的研究有框定这个问题之范围的价值:先后被投向一个屏幕的两个静止的点之所以被看作同一运动的两个踪迹——它们在此甚至丧失了可区分的一切实存,是因为各种外部影响在这里将被纳入一个等值系统之中,这一系统按照语言符号的方式准备好运行并且在我们之中起作用,不是通过唤醒与它们一一对应的含义,而是作为发展中的单一进程的一些路标,作为可说是从远处赋予它们活力的一个意义的诸判别式。因此,知觉已经是表达,但这种自然语言没有分离出始终更多地附着在"知觉链"而非在"语词链"上的被表达者,没有让它"溢出"。当格式塔理论表明运动知觉取决于为数众多的图形环节,最终取决于整个场的结构时,它就把一种思维机器(它是我们化身的、通常的存在)确定为知觉的发起者。实际的运动,即位置的改变,出自于场的结构,并且只能通过它才能被理解。米高特①的工作表明了运动知觉与各种形态之间的所有转换是如何存在的,例如,"游泳"和"爬行"运动是如何从各种现象的排布以及现象的内在逻辑中产生出来。相同系列的各种形象,依据它们相继的节奏,给予观察者一个或石化的、矿物世界的感觉,或植物生命的感觉,最终或动物性的感觉(爱普斯坦②)。管乐器的音色标示了发音的气流和气流的有机节奏,恰如人们把正常录制的声音倒放时获得的奇特效果所表明的那样。运动远不是简单的"位移",它处在形状或性质的结构之中,可以说它是它们的存在的显示。如人们所说,存在一种"内心可感的"空间与运动,它们是由景况的内在动力规定的,它们的位置变化只是结果与外表。正是在"对象之上"(巴利雅③),且最终在整个世界的显现之中才出现知觉的综合;正是在"蕴含"之中,并且借助于"蕴含",知觉的自然之光才开启了一条道路。

对于与存在的这种隐含关系,只有当我们进入对支撑它的主

---

① 米高特(Albert Michotte,1881—1965),比利时实验心理学家。——中译注
② 爱普斯坦(Jean Epstein,1897—1953),法国电影人、影评人。——中译注
③ 巴利雅(Jacques Paliard,1887—1953),法国哲学家。——中译注

体的分析时,只有当我们在它之中追溯严格意义上表达之源时,我们才能恰当地看待这种关系。这就是为什么围绕身体图式的当代研究对我们有帮助。这些研究把身体当作某种实践(praxis)的场所,当作在世界中某事尚待发生的出发点,当作我们已经被记入并持续记录我们的记事本,这些研究以这种方式更新了我们的空间和运动的观念。黑德[①]曾说过,身体在每一时刻都是对走过的距离的整体记录,它同时使我们能够预先处于所移向的位置("康斯塔姆现象"表明,我们把肌肉力量想将我们的手臂拉向的位置看作已得的或"标准的")。这些恒常的或暂时的标准揭示了与空间的实际的密切,而空间与空间认识或空间识别(gnosie)之间的关系是复杂的。一方面,识别建立在实践的基础上,这是因为点、面、曲线等基本概念归根结底只对一个受场所影响且身处空间中的主体才有意义,而这一主体则显示某一视角的场景。存在一种非常接近实践的知识,而且这种知识和实践都能被损坏,正如在某些实践障碍(建构性实践障碍)中不能认识几何形式所表明的那样。然而,对实际空间的表达相对独立于知识空间,就像一些病理学案例显示的,那里严重的实践混乱并不影响空间符号的使用。各种上层建筑的这种相对的自主性使我们能够同样地说,我们因为是运动的所以我们是有意识的,或我们因为是有意识的所以我们是运动的,而这些上层建筑在形成它们的实际条件消失后仍然存在,或至少能够在某段时间掩盖它们的溃毁。知识意义上的意识,客观空间中位移意义上的运动,是同一存在的两个抽象面,存在当然能

[①] 亨利·黑德(Henry Head,1861-1940),英国精神病学家。——中译注

够超出它的各种界限,但是存在在消除这些界限的同时也就消除了它的各种力量。然而,心理学与精神病学随着确定了实践的领域,并将之看作本原的领域,能够理解运动机能与符号功能之间的密切联系,并更新我们的知性概念。对格斯特曼综合症(手指失认症,无法区分左右,建构性实践障碍,无法计算)的分析表明手是"一个策源地,视觉物、语言物、空间物、运作物和构造物似乎都在其中聚合"(朗格①)。身体是不定数量的象征系统的持有者,这些系统的内在发展确定超出了各种"自然"身势的含义,然而,如果身体不再推进这些象征系统的活动,不再把它们置于世界和我们的生活之中时,这些象征系统就会崩塌。睡眠不区分我们的各种实践功能,从那些最微妙的,即从语音系统开始,直到那些最基本的功能,以至于无梦的深度睡眠可以同化为一种实践障碍状态。相反,苏醒与清晰的意识使我们恢复相互区分与对立的系统,如果没有它们,我们与世界的关系瞬间就会解体并消失。这些互联关系证明了在人身上存在着把运动机能转化为符号身势,把隐含表达转化为明显表达的突变与升华。

课程的最后一部分,以对反实验的方式,概述了对作为普遍表达方式的运动的研究。后面我们将重回到这一主题(与此同时,我们将对语言身势化进行分析——这被完全留到了另一学年)。我们把自身限定在绘画与电影艺术使用的运动的例子。绘画并不即时地复制运动,它也不为我们提供它的符号:绘画发明了使运动实

---

① 朗格(Johhannes Lange,1891—1938),德国精神病学家和神经学家。——中译注

际地在场的各种标志,它把运动当作一种态度在另一种态度中的"变形"(罗丹①)提供给我们,一如现在对未来的蕴含那样。如果位置变化也能以这种方式被描绘,并被不动的符号所传达和领会,那么人们便可以理解,在绘画的历史中运动范畴如何完全超出了简单的局部位移,并理解比如与线性表象相对的图像表象,如何被看作绘画中运动的一种进步。最终,每当世界被间接地描述时,通过一些开放的形式,通过某些侧面或局部被描绘时,我们会谈论绘画中的运动。从对运动的最简单知觉到对绘画的经验,我们所面对的始终是同一个悖论,它相关于形式中可辨出的力量,相关于空间中的时间的痕迹或标记。而发明出来拍摄运动物体或表象运动的电影艺术发现的东西远远超出了位置的变化:发现了一种符号化思想的新方式,一种表象的运动。电影以其分镜头、蒙太奇和视点的变化激励并赞颂我们对世界和他人的开放,因而不断地变化它的光圈;它不再像它开始那样放映客观的变化,而是放映各种视野的变化——这决定了一个人物到另一个人物的进程,或者从一个人物朝向一个事件的逐渐转变。正是在这个意义上,电影远未给出或将会给出我们期待它的一切。

通过研究语言的符号主义,通过思考表达的世界及言说的世界,我们能够明确地确定先前分析的哲学意义,即"自然"表达与文化表达之间的关系。因而我们将能确定表达的辩证法是意味着精神已经存在于自然之中,还是意味着自然内在于我们的精神之中,抑或我们应寻求超越这种两难的第三种哲学。

---

① 罗丹(Auguste Rodin,1840 – 1917),法国著名雕塑家。——中译注

周一的课程

关于语言的文学使用研究

　　语言理论大多以所谓的精确形式为依据,换言之,以对各种思想的陈述为依据,这些思想在说者那里已然成熟,而在听众之中至少已经马上成熟。其结果是理论丧失了语言的启发价值的视野,与此相对,它所获得的功能则在作家的作品中显而易见。或许我们应当把被构成的语言看作是一种二级形式,它派生于一种原初的活动,而原初的活动把一种新的含义放入一种由旧符号构成的语言机器中,因此只能表明新的含义并把读者与作者本人引向它。

　　文学就自身而言,先于语言哲学对它的兴趣。一个世纪以来,作家在他们所成之事中意识到的远远多于那些独特之处与仍然存疑之物。写作因而不再是(如果它曾是的话)仅仅陈述人们已然构想的内容。它是对一种装置的应用,其产出与人们放入之物相比时多时少,这一后果则是由一系列悖论所造成的,这些悖论使作家这个职业成为一种耗费精力而又无始无终的任务。真与想象的悖论,比真更真——意向与经常不是所期的而且总是别样的实现之间的悖论;——言说与沉默之间的悖论,表达可以是失败的,因其被思虑过甚,亦可相反地成功,只要它保持间接的状态;——主观与客观之间的悖论,作家最深的秘密,在他之中很少被表达的秘密,有时以清楚的方式给予他的作品所创造的受众,而他最清楚地意识到的东西却相反地依然是僵死的文字;——最后是作家与人之间的悖论,人所经历的东西显然构成了他的作品的主旨,然而,这些东西为了成真,需要预先明确地将作家与众生切分开,所有的惊奇、所有的圈套使文学在自己看来就是有问题的,并使作家去问:"什么是文学",并且有理由不仅就其实践,而且就其语言理论质疑文学。我们曾经尝试对瓦莱里①和司汤达的作品提出的问题正是这种类型的。

只有将瓦莱里闭口不言或只为自身写作的漫长时期考虑在内,他对语言的使用才能被理解。人们在1900至1910年的笔记(这些后来构成了《如是》(一、二)两本文集)中发现,他对语言的不信任只是他不信任生活的一个特殊情况,而生活只有通过不可理解的奇迹才站得住脚。不可思议的是,身体既可以是一种惰性集合——它在睡眠时标记我们的位置,亦可以是一种灵活的工具——比如为画家所用时,比意识更能成其所欲。不可思议的是,心灵是怀疑、探问、谨慎和抽离的能力,这使我们成为"不可让渡的"与"不可达至的",心灵同时又介入和投身于一切发生的事项之中,甚至恰恰通过"不确定地拒绝成为任何所是"而构造并变成某种事物。不可思议的是,不可消除地区别于我的各种角色的我,感到自己受自己在他人目光之中看到的自己的样子的影响,而且反过来我发现他们感觉与自身相关的形象,因此在他人与我之间存

---

① 瓦莱里(Paul Valéry,1871–1945),法国著名诗人和文艺理论家。——中译注

在着"交换",存在着"两种'命运'的交错……",在其中不存在截然为二的我们,而人们亦永不孤单。这些荒诞正是语言与文学中的最高阶段。当人们足够快速地掠过语词时语言是清晰的,但这种"基本的可靠性"面对严格的意识时就轰然倒塌了。文学自身生活在欺骗之中:作家讲述他的语言期望的东西,且被看作是深刻的,他缺乏的每种东西,一旦付诸言语便成为权能,而成书的大量巧合则被看作是作者的意图。在开始时,瓦莱里只能通过"懦弱"或犬儒态度来写作,他把怀疑语词的所有原因都付诸语词,并在否定所有作品的基础上创作一部著作。

然而,文学活动在事实和理论上都已经超越了这种虚无主义。语言无论如何不可能,它都已经存在。至少存在一种语言形式,它恰是因为没有声称有所言说而不容置疑:这就是诗歌。然而,研究表明,诗歌之所以如同在所述对象之前抹去自身的一般陈述那样是无意义的,它之所以无法与语词相分离,不仅是因为它好似语言的吟唱或舞动,亦非因为缺乏意义,而是因为它总是具有不止一种意义。因此,应当承认至少在诗歌这里语音与意义之间有"神秘联合"的"奇迹",尽管我们知晓形成每种语言的所有历史巧合。然而,只要这个奇迹在严格意义上曾在诗歌中被发现,那么人们就会再次发现它出现在"永远活跃的诗歌中,这一诗歌滋扰着固定词汇,通过对偶或换位扩大或缩小着语词的意义,并时刻改变着这种信用货币的价值"。语言的各种变化,一开始看起来像支持怀疑派的论据,最终成为其自身意义的证明,因为语词如果不打算言说什么东西就不会改变其意义;因此相对于语言的某种状态——尽管它总是每年都要改变,表达的努力或是成功的或是失败的,或有所言说或言之无物。对诗歌的辩白完全重建语言，瓦莱里最终承认，即使是精神的人亦非纯粹的意识，因为更清楚的是意识拒绝成为任何它之所是，而我们的清晰性来自于我们与世界以及与他人的交往，我们逐渐将自身构建为一个他称之为"复合体"或"语词动物"的权能系统，正是这种混合或折衷在我们的意愿之内，确保了我们所行之事与我们所欲之事之间的关系。从把对文学的轻蔑当作文学的主题开始，我们进入一种自觉的和被接受的文学之中。从对成为任何它之所是的模糊拒绝到言说和生活的意志。"我是在我的艺术的巅峰吗？我活着"（瓦莱里：《我的浮士德》）①。人是精神与身体的"混合物"，然而被称作精神的东西与人们所有的不定之物是不可分的，恰如光在无物遮挡时什么也不能照亮那样。对语言和生活的批判唯有彻底时，才能完全融入语言和生活的实践之中。瓦莱里最后的作品真的回应了将他引向沉默法则的1892年的危机，语言自身带有它的终结、死亡及其辩白。

司汤达的故事也是学习言语的故事。他的生活困境，如1804年和1805年的日记所显示的，用他自己的话来说，在于他不能同时"感觉"和"理解"：一方面他有意识且行动，但他犬儒主义地且如同角色扮演那样行动，人们理所当然地指责他并未"进入"他所讲述的东西中；另一方面他沉湎于幸福之中，但一种"幻想"或迷醉剥夺了他的行动力并使其缄默无声。他早期的文学随笔显示了他对自身同样的误解：他从事写作本是为了发迹，而且他通过观察和近

---

① 瓦莱里：《我的浮士德》（*Mon Faust*），巴黎：伽利玛出版社，1946，第95页。——中译注

乎通过生活的科学来实现这一抱负。然而，不知不觉地，当他把《民法典》(的语言)作为范例时，他便在日记中着手学习内心独白了。当他后来放弃了他所钟情的文学事业时，当他使自己的生活与作品朝向他起初坚持的梦想之反面时，他陡然发现自己能够即兴创作、令人信服、实现创作，他发觉在真和假之间、孤独与爱情之间、生活与写作之间并不存在对抗；他从第一人称，从渗入所有角色并与之相适合的自我出发，创造了一种全新的艺术方式。司汤达将能够认同自身，因为生活与风格的训练使他变得有能力摆脱自身的分离。

　　问题仍然在于，这种解决方法是否只是作家用以提升作品的解决方法；而且面对所有能被言说的事物的说话者，依据同样的事实，是否游离于生活的严肃性之外。当看到司汤达面对各种政治选择很难始终如一时，人们便能确信这一点。然而，司汤达尽管在玩世不恭与真诚坦率之间如此地摇摆不定，他那里却始终有一条路线：他完全拒绝接受愚昧和痛苦，他认为人只有"与现实结合在一起"时，只有脱离了其阶级加诸身上的客套关系时，人才能够真正形成——他从未改变这些看法。这些否定相当于认同。司汤达大概说过，成为人也就是成为一个政党。或许批判的这种功能正是作家对当代问题的态度。假如像司汤达认为的那样，所有权利确实都会撒谎，那么他也许应当认真看待所有那些把全部偏见都弃之一边并朝向未来的作家们，他们更了解其所不欲而非他们所欲之物。也许最终所有人与文人一样，只有通过语言才能在世界和他人之中呈现自身，也许语言在所有人中的功能都是一种基本职能，它像构建作品那样构建了生活，甚至把我们的存在困境亦转换为生活的动机。

1953—1954

周四的课程

言 语 问 题

言语不仅激活语言中已记下的种种可能性。早在索绪尔那里[①]，尽管有各种限制性的定义，言语也已远远不是一种简单的效果，它改变并支撑着语言，一如它被语言所承载。将言语当作主题，索绪尔事实上把语言研究带向了一个新的领域，他开始了对我们范畴的修正。他质疑符号与含义之间严格的区分，这种区分只在考虑被制定的语言时才是必要的，在言语之中是模糊不清的。语音和意义在这里并不是简单地相连的。符号著名的定义是"区分的、对反的和否定的"，这意味着语言对说话者而言，是各种符号与含义之间的间隔系统，而言语作为单一动作在两种序列之间进行区分；人们最终发现，广延物（res extensa）与能思物（res cogitans）之间的区分，既无法被应用于不是封闭的含义，亦无法应用于只存在于含义关联中的各种符号。

本课程试图阐明并扩展索绪尔的作为肯定功能与支配功能的言语概念。

---

① 索绪尔:《普通语言学教程》（巴黎：帕约出版社，1964）。

首先，人们已经将这一概念应用于儿童语言习得的问题。罗曼·雅各布逊①这样的索绪尔主义者已经能够区分两种情况：语音或音素在儿童的咿呀语中作为事实而单纯出现，和同样的元素作为意指方式被语言学地把握。各种语音的突然变少在儿童即将说话时发生，这是由于儿童为了使声音变成他的意指工具，必须把语音纳入各种对位音素的系统之中，环境语言在此基础上被构成，而这一系统的各种原理则以某种方式被儿童获得。然而，雅各布逊是根据备受争议的心理学来解释这一现象的。当问题在于理解儿童如何具有音素系统，以及被听到的语言旋律——它"期待含义"——如何同时发现突然被赋予了意义，雅各布逊诉诸于注意和判断，专注于分析功能与客体化功能的其它项。这种分析和客体化事实上依赖于语言，却错误地把符号与含义的非典型方面解释为它们在儿童中是由于符号和含义的未区分。

最近，人们在将语言习得与所有其它活动——儿童通过它们接受周围的环境，尤其是接受与他人关系——相关联上取得了进展。然而，仅仅诉诸于情感背景无法解释语言的习得。首先，情感偏移的进程和语言的习得同样令人迷惑。其次，语言不是情感处境的贴花或副本：它在处境中发挥作用，它将其它动机引入其中，它改变了处境内在的意义，以至于它自身成为存在的一种形式或至少是存在中的一种转变。即使是未能找到情感平衡的主体也学会了运用动词的时态，而人们想将这些时态对应于他们生活的各

---

① 罗曼·雅各布逊(Roman Jakobson, 1896 – 1982)，俄裔美籍语言学家。——中译注

个方面。与他人、理智与语言的关系不能被置于线性的因果序列之中：它们处于某个人活在其中的漩涡的十字路口。米什莱①说，言语就是诉说着的母亲。因此，当言语把儿童放入与命名所有事物并言说存在的言语的更深层关系时，它也将这种关系置于一种更普遍的秩序之中：母亲为孩童打开了脱离母体的直接性的各种路线，孩童无法从这些路线重回母体的直接性。各种"借助情感的解释"既没有减少人之谜，也未减少言语之谜：这些解释只能是一个契机，用以领会弗洛伊德所说的言语的"超投注"——它超出"身体的语言"之外——，并在一个新的层次上描述直接与普遍、视角与视域之间的往复。海伦·凯勒的例子表明，言语给儿童的愤怒和恐慌同时带来怎样的放松与沉思，以及它如何可以成为一种伪装，一种"虚构"的实现，以及真实的表达，就像在并未完全掌握言语的主体中发生的那样。言语的各种形态正是把我们与普遍性联系起来的方式，这些形态在所有情况中都把言语与存在的运作关联起来。

我们曾根据科特·戈德斯坦②的著作（《语言与语言障碍》，1948），试图在一些病理分裂中寻找言语的核心功能的进一步证据。该作者先前的研究区分了自发的语言（"外在的语词知识"）与充分意义上的语言（真实的命名），他把后者与"范畴态度"联系起来。因此人们会问，这些研究是否把意义置于语言之中，就像舵手在船上那样。1948年的著作则与此相反，它把这两种序列联系起

---

① 儒勒·米什莱（Jules Michelet, 1798—1874），法国历史学家。——中译注
② 戈德斯坦（Kurt Goldstein, 1878—1965），德裔美籍神经病学家和精神病学家。——中译注

来;因而不再是一方面存在着语言的意义,另一面存在着语言的工具(工具性);只有范畴态度被保持时各种工具才能长久地有效,相反工具的毁坏就会累及含义的获取。因此似乎存在一种语言的精神,且精神总是被语言所填充。语言就是一种辨别系统,主体与世界的关系通过它而被说出。神经病理学的概念,如去分化概念与索绪尔的变音符号概念相互联系,并与洪堡①关于语言是"世界视角"的观念相类似。戈德斯坦在分析"内在的语言形式"(innere Sprachform)时重返洪堡的观点,在他看来,它要么在语词链的知觉中要么在发音中,使语言的工具发挥作用。精神仍然依赖于它所创立的语言机体——它持续地为机体注入生命,而生命则为机体带来刺激,就像它已经被赋予本己的生命一般。范畴态度不是纯粹精神的活动,而是假定了"语言内在形式"的灵活的运作。它曾经依据康德的术语被理解,而今则与说出的语言相联:这是因为说出的语言能够使用空的符号,它不仅能够像呼喊与姿势一样为既定的处境带来附加的意义,而且能够唤起自身的背景并带来它从之生发的精神处境,换言之,它在语词的充分的意义上进行表达。"可以说范畴态度的程度是语言演变程度的功能,这种演变朝向各种显著的常规形式,如人们所说,各种符号的不确定性上限在这些形式中确保了对象的确定性上限"(翁波当②:《失语症与确定思维的建立》,第370-371页)。尽管没有作者对此予以命名,人们却在这种内在于语言的精神中认出了这种媒介物,索绪尔称其为

---

① 洪堡(Wilhelm von Humboldt,1767—1835),德国语言学家。——中译注
② 安德烈·翁波当(André Ombredane,1898—1958),法国医生和心理学家。——中译注

言语。

　　作家在职业上打交道的正是它。普鲁斯特说,书写活动在某种意义上对立于言语、生活,因为它在把我们关在自身之中的同时,使我们朝向如其所是的他人敞开。相反,作家的言语则创造了一个能理解它的"倾听者",并强加给它了一个明显是私人的领域。然而,它这样只是重启了语言的原初活动,它带着决心去获得且使之交流的,不仅是世界的统计面向与公共面向,而且包含它关涉个体的和进入个体经验的各种方式。当然,它不会满足于已经获得的且流行的各种含义。就像画家和音乐家使用各种对象、颜色和声音,是想显示世界的各种元素在生命统一体中的相互关系——例如,海洋景观中各种隐喻性的相合——,作家使用日常的语言,并使语言表达风景、住所、地点、姿势之间的,他人之间的以及他人与我们之间的前逻辑的关联。文学的观念,如同音乐与绘画观念一样,并不是"理智的观念":文学的观念从未完全摆脱场景,它们隐约显现,如同人物一样不容质疑,但并不确定。人们所称的普鲁斯特的柏拉图主义,指的是试图整体地表达被感知世界或生活世界。出于这个原因,作家的工作仍然是语言的工作,而非"思维"的工作:它关涉的是构造一个符号系统——这一系统通过其内在配置重建系统的轮廓,这要求轮廓的各种凸起与力线必须引发一种深度的句法,一种作文和叙述的风尚——它拆除并重建世界与应用的语言。这种新的言语在那些生活明显闲散的年代在作家中不知不觉地形成,彼时作家因缺乏文学的"主题"和观念而懊恼——直至有一天,他向他身上逐渐确立的言说方式屈服,开始说明他如何成为一个作家,并通过讲述一部作品的诞生说明他如何创作了这部作品。因此文学言语述说世界——世界是给予个体的生存的,同时言语把世界转变成它本身,并以之为自身的目标。在强调言语或书写能够成为一种生活方式时,普鲁斯特是有道理的。但是如果他认为只需上述方式,不需其它方式(他没有这么想),便足以包容一切且满足自身,那就错了。没有人对言语的循环论证或奇迹做出过更好的解释:言语或书写确实是对体验的翻译,而体验只有借助它所激发的言语才能成文。"为了解读各种未知符号(各种被强调的符号,我的注意力在勘察我的潜意识时,会如进行探测的潜水员那样去寻找、碰撞并回避的那些符号)中的书本,没有人能使用任何规则来帮助我,这种阅读是由一种创作活动构成的,在它之中谁也不能越俎代庖,甚至不可能与我们合作"(《重现的时光,第二章》,第 23 页)。

这些对不成熟的、衰退的或升华的形式的言语的描述,应当能够使我们研究它在原则上与被制定的语言之间的关系,并使我们阐明作为生成各种可能言语之活动的建制的本性。这些问题接下来将构成另一课程的对象。

周一的课程

一种历史理论的素材

历史的概念必须摆脱各种混乱。人们通常像面对面存在着两种哲学那样推理，一种哲学是将超出时间的确定的价值，将不关注实际事件的意识置于人之中，另一种则是各种"历史哲学"，它们则相反地将一种隐秘的逻辑置于事物的发展中，而我们只能接受其裁决。这样，人们的选择就介于知性的智慧与迷狂之间：知性的智慧并不自以为是地寻找历史的意义，而是只试图以我们的价值为依据不断改变历史的方向，迷狂则以历史的秘密为名无缘无故地颠覆我们最显而易见的评价。但这种划分是人为的：并不需要在事件与内在的人，历史与永恒之间做出选择。人们用来反对历史的所有例子都有其自身的历史，并借助自身的历史与**历史**沟通，尽管它们有其自己运用时间的方式——那么一切，包括政治在内，都被封闭在时间的一瞬之中，都在此意义上处于历史之中：采取最狂热的立场可能具有永不枯竭的意义，它们是精神在事物中的花押字。

真实的问题仍然被历史唯物主义的传统争论所遮蔽。弄清楚一个人在历史问题上是"唯灵论者"还是"唯物论者",并不像知道人们如何构想历史的精神或物质那样重要。存在一些"精神的"概念,它们如此地将精神隔绝于人类生活以至于就像物质一样是惰性的,而且还可以有"历史的唯物主义"——它把人类整个置于经济和社会斗争之中。历史使活动的各个领域相互交流,任何一个领域都不可能因为独特的原因而高贵,那么问题就更多地是这些问题的关联是否预示着这些问题的同时解决,抑或一致或交叉只存在于追问之中。

真正的起点并不是在知性与历史或精神与物质之间,而是在作为未识之神的历史——其天性或好或坏——与在作为生活环境的历史之间。假如在理论与实践、文化与人类劳动、各个时代、各种生活、深思的行动与其出现的时间之间,存在一种既非偶然的、也非基于全能逻辑的一致性的话,历史就是一种生活环境。历史行动是被创造的,然而它却非常好地回应了其被理解和追随的时代的各种问题,正如贝玑①所说,历史行动使自身融入"公共的绵延"。会有一种回忆的幻想,它把历史活动投向它所改变的过去;然而,也会有一种前瞻的幻想,它使当下停在空洞的将来的入口,如同所有当下都未曾延伸至将来的视域,如同人类活动所确定的时代的意义在它之前一无所是。创造正是在当下发起的开放的且未完成的意义网络之中活动。它将以梦游者的确信在事物之中触摸的,只是属于将来之物。如果伟人的历史才干只是操纵他人的技巧,那么历史上当然会有各种各样的冒险——它们没完没了地

---

① 贝玑(Charles Péguy,1873-1914),法国诗人和哲学家。——中译注

存在并占据着舞台，这样就不会有代表性的行动——它们构成进入公共时间的一步并被记入人类的记忆之中，无论它们曾延续了一个月、一年还是一个世纪。如果事物的过程只是一系列毫无关联的片段，或是观念天空中的结局已定的战斗，那么就不存在历史。当偶然性中包含逻辑，无理性中包含理性时，当存在一种历史的知觉——它像其它知觉一样，把无法达到前景的东西留在背景，并在各种力线产生之时把握住了力线且主动地完成它的轨迹时，历史才会存在。这种对比不应当被理解为可耻的有机论或目的论，而应当被看作是对如下事实的参照，即所有符号系统——知觉、语言、历史——只会成为其所曾是，尽管它们为了成为如此需要被人类活动所重新采用。

本课程并没有系统地展开这种历史观念。人们曾经尝试通过研究使它显现出来，例如马克斯·韦伯[1]与他的学生卢卡奇（尤其是《历史与阶级意识》，柏林，1923年[2]）的研究——他们证实了在知性哲学与历史的教条哲学之间找出一条道路的必要性。

马克斯·韦伯从一开始就非常注意彻底的偶然性和历史事实的无限性。然而，依据康德的观点，历史的客观性显现为历史学家精神活动的简单相关项，它不能吹嘘自己穷尽了已然过去的历史的实在性，因为它原则上总是暂时的，只有借助方法论的抽象不涉及事件的其它方面，它才能解释事件的某一方面，因此它需要其它研究或其它观点。实在性与构成的客观性之间这种对立使韦伯将

---

[1] 韦伯(Max Weber, 1864 – 1920)，德国社会学家。——中译注
[2] 卢卡奇(György Lukács, 1885 – 1971)，《历史与阶级意识》(Geschichte und Klassenbewusstsein)，柏林，1923。

总是暂时的且有条件的知识态度和实践的态度——我们在其中面向现实,接受如实地评判事件的无穷任务,并在与理论证明条件完全相反的情况下,采取不可重复的立场——完全对立起来。在实践中,我们无法避免矛盾,人们的各种决定既是不可辩护的,亦是可辩护的。韦伯使知识领域和实践领域毫无联系地并肩共存,而在后者中,责任伦理与良知伦理的各种选择彼此对立。这种态度在他的一生中未曾改变。这使历史变成了一种魔法。

然而,韦伯在他的具体研究中并没有局限于这些对立。他一开始观察到,在尝试理解各种事件的史学家的劳作,与准备做出决定的行动的人的劳作之间,存在着深刻的相似性。知识就是把我们置于已然行动的人的处境之中,这是一种在想象中的行动,而行动是对知识的一种预期,它使我们成为自身生活的史学家。对激进的多元主义选择来说,即使是多神论的思维,亦在它的诸神之间确立了一种等级秩序。另外,"多神论"的顽固信仰隐含着历史实在的某种形象。责任伦理和良知伦理相互对立的选择并不是排他的:即使纯粹良知选择了公开其真诚的时刻,后果评估也时常是对隐蔽价值的判断。韦伯最终承认(《作为一种职业的政治》[①]),这就是抽象的界限,不管愿不愿意,我们的生活都在它们之间进行着沉思。

这假定或隐含着对历史概念的再考察。已然发生的不能是在原则上对知识有敌意的事实。事件无论是多么不可测,都不能包含任何"确定的非理性的东西"。事实上,在《新教伦理与资本主义

---

① "作为一种职业的政治"("Politik als Beruf"),收录在《政治论文集》(*Gesammelte Politische Schriften*)中,慕尼黑,1921,第396–450页。——中译注

精神》这一名著中所做的那类研究中,韦伯深入历史事实的内部——这远远超出了他的"康德式"原理所允许的范围,并使知识的建构超越历史的"理解"。他试图达到加尔文主义伦理的基本选择,以及这种选择与所有其它选择——它们与前者一起在西方历史上成就了资本主义事业(即科学、技术,法律与国家的建立)——之间的"亲缘性"。"选择的亲缘性"(Wahlverwandtschaft)这一概念使事件区别于环境的联合,然而却并不显示为历史的内在必然性:也就是说,这些选择在相互关联中最终能使西方资本主义得以形成,而制度的本质在它们相遇之前并不存在。经济事实被看作是对人类和世界之间关系的选择,并在选择的逻辑中有其位置,看似禁止对历史做统一解释的多元论却相反地证明了经济秩序、政治秩序、司法秩序、道德或宗教秩序之间的相互关联。接续过去的各种观点引起的过去的变形,甚至假定当下与过去之间有一种深刻的契合:只要我们的观点对过去没有兴趣,只要它们不是朝向人类的整体性,只要我们的时代对自身满意,只要过去像当下一样不隶属于文化——即人类对一种永恒追问自由地做出的各种回答——的唯一领域,它们便不会推翻过去的形象。我们与我们的时代的关联是进入所有时代的开端,人是史学家是因为他是历史的,而历史只是实践的放大。

历史不再是康德的知性与自在的过去之间的照面:知性在其对象之中发现了它自身的起源。"客观的"史学家的方法论态度本身成为更丰富的历史的一部分,是"合理化"的一种特殊情况,这种"合理化"在其它层面产生了资本主义社会,产生了近代意义上的国家。因此,韦伯那里已有历史选择的现象学的雏形,这种现象学发现事实的无限细节围绕各种理智核心而确立。这种现象学当然区别于黑格尔的现象学，因为它在历史事实中发现的意义是摇摆不定的，且总是受到威胁。资本主义歪曲了它从之所出的加尔文主义伦理，而只保留了它的外在形式，韦伯将之称为"外壳"。历史经验从来没有绝对的定论，因为推动它的问题在前进的途中已经变化。回答一个错误地提出的问题，历史经验自身就是模糊不清的："合理化"、世界的祛魅化包含着得与失：它也是"祛诗性化"并带来当代的秩序，用韦伯的话说，它是"僵化"的人性。因此选择的逻辑并不必然延伸至一个有价值的未来，在那里加尔文主义与资本主义所处理的问题最终会被解决。历史哲学并没有把普遍历史的启示加到知性的确定性之上，正是通过永恒的追问，所有时代共同构成了唯一普遍的历史。

卢卡奇一本早期著作的兴趣在于推进韦伯对历史的理解，并重回马克思主义的各种直观，——原是为了考察摆脱所有教条控制的历史辩证法的可能性，现已真正演变为现实的辩证法。

卢卡奇正是尝试从当下出发抵达一种整体的观点，而且这种整体只能显现为"经验的整体"。卢卡奇重拾韦伯认为资本主义是"合理化"的直观时，通过向前资本主义的过去和后资本主义的将来展开"合理化"，通过把合理化理解为进程的而非不变本质的合理化，从而确定合理化并赋予其活力。与前资本主义文明相比，资本主义代表的是社会的生成（Vergesellschaftung der Gesellschaft）。在所谓的原始文明中，集体生活是想象的部分，而且在能用经济学解释的事实之间存在着神话所占据的虚空或居间世界。神话不是"意识形态"，不是有待发现的经济实在的遮盖物，它有自己特有的功能,因为这些社会还没有切断它们与自然相连的"脐带"。资本主义文明正是要实现这种断裂,并且实现社会制度的整合——社会制度是祛魅的、祛诗意的、被组织的,像并通过资本主义经济,在各种力量的唯一场中,从自身出发给出一种把握自身的真理的整体解释。然而,社会的实现被内在障碍所阻挠:因为制度在理论上或实践上都无法掌控全部社会生活。制度为了避免它趋向于引入的整体判断,为自身提供的不是动态社会的临时状态,而是社会世界的永恒结构,然而,朝向客观知识——它曾给出了社会意识的基础——的运动会僵化为客观主义与科学主义。社会科学的这段插曲只是物化的一般过程的一面,物化过程切断了资本主义文明与其人类起源的联系,并在市场经济中为商品和交换法则提供了范畴价值。卢卡奇在无产阶级中发现了能够将最初的社会带向其完成的阶级。作为事实上的最高等级和对"物化"的彻底抵制,无产阶级在事实和理论上都是真实的"社会进程的焦点",并发现自己处在建立并且支撑一个社会的位置——这会是一个真实的、透明的、没有内部分隔的、没有阶级的社会。当无产阶级掌握力量时,不会被自身的形式所阻碍的生产就会实现,同时实现社会与整个历史的真知识的各种条件。新的社会将超越它在斗争中使用的那些有争议的观念,就如卢卡奇所表明的——历史唯物主义会改变其功能和意义:经济和历史的平行论,它在历史上的资本主义阶段意味着历史被经济所阐明,而在后资本主义社会,则意味着摆脱障碍的知识和生产的同等自由的发展。

尽管这一分析提出了众多问题,我们在这里只对其方法论的视点感兴趣:这一分析使哲学或真理的探究显现为关注于分散在历史中的意义,在历史中初现的意义。对历史的哲学重建,似乎不应属于韦伯所说的那些暂时而又随意的诸多视点中的一种,因为它所做的只是阐明历史的发展,阐明被界定为"扬弃自我"(Selbstaufhebung)与普遍性来临的阶级在这种重建之中的构成。真理既不处于某些历史主体之中,也不处于理论意识的拥有之中,而是在它们的相遇之中,在它们的实践与它们的公共生活之中。历史因此是真理之源,"历史哲学"并不是超越的规章,而是对人类未来的发展所意指的东西的一致的和完整的解释,而人类的发展本质上是"哲学的"。当韦伯说人是历史学家因为人是历史的,而且人的实践是对知识和理论的召唤时,他给出了存在循环的最初理论,这一循环以相关的和开放的知识与实践的形式重新出现在卢卡奇那里。黑格尔的理性主义同样受到质疑:只有在事后,当人类发明将它们整合入整体的意义时,历史的巧合才显现出来而且是理性的,那么就没有理由假设一种隐藏的理性引导它们通过"计谋"穿上偶然性的外衣。历史的逻辑给事物的进程强加了各种问题,只要它们还没有被解决,矛盾就会累积和扩大。但历史的逻辑并不使一种解决方案成为必然的——卢卡奇所选择的解决方案仅仅是历史否定性的体现,是韦伯称之为"文化"的怀疑与追问力量的体现。

当否定性在历史媒介中实现时,人们能认为它始终如一吗?更加令人疑惑的是,韦伯自那以后放弃了这些观点。他现在坚持作为"第二自然"的社会的不透明性,因而似乎无限地放弃了透明的社会关系的有限观念,以及被看作真理之源的历史的范畴定义。这是对马克思主义内在于历史的意义观念的质疑。现在应该重新讨论这一问题。

1954—1955

周四的课程

个体和公共历史中的"建制"

我们在此尝试在"建制"①概念中寻求对意识哲学各种疑难的解决。在意识面前,只存在被它构成的各种对象。即使我们承认它们中的某些"从来不完全"是对象(胡塞尔),它们在每时每刻仍然是意识活动与意识能力的准确反映,在它们之中没有什么能够将意识抛到其它维度,因而并不存在从意识到对象的变化或运动。如果意识思考自身的过去,它所能知道的一切是,那里已经有一个神秘地被称为自我的他者,他与我唯一的共同之处是普遍的绝对自我性,这是我与任何我能形成其概念的"他者"同等地享有的东西。我的过去让位于我的当下,这是通过一系列持续的分裂而达成的。最后,如果意识思考诸他者,他们本己的存在对意识而言只是意识的纯粹否定,意识并不知道他者在看它,它只知道它在被

---

① 梅洛-庞蒂一开始只是在一般意义上使用"institution"这个词,用它来表示与"个人"、"社会"相对应的"组织"。然而在法兰西学院时期,梅洛-庞蒂主题化了"institution"概念,不再仅仅着眼于作为既成事实的组织,而是侧重于"institution"在社会历史中的生成活动。这一含义与原形动词"instituer"相对应,相应的分词形式有"institué"和"instituant"。基于此,本书依次将着四个词译为"建制"、"制定"、"被制定的"和"制定着的"。——中译注

看。不同时间和不同的时间性不能并存,两者只能形成一种相互排斥的系统。

如果主体是制定着的,而不是构成着的,那么人们会把主体理解为不是即时的,而他人亦不仅仅是我的否定。我从某些决定性时刻所开启的既不是像那样处在遥远的过去,也不是像被接受了的记忆处在现前,而是介于两者之间,就像在此期间我的生成的场。而我与他人的关系并不被还原为二择一:一个制定着的主体可以与一个他者共存,因为被制定者并非其自身活动的即时反映,可以随后被自身或他者所把握而无涉于一种整体的再造,因此他就如同一个铰链介于自我与诸他者之间,介于我与我自身之间,是我们从属于同一个世界的后果和保证。

通过建制概念我们理解的是经验中赋予建制以绵延之维的事件,与它们相关一系列其它经验将会获得意义,从而形成一个可设想的序列或一段历史;或者仍然是这些事件,它们在我之中沉淀出一种意义,不是作为幸存者或剩余,而是作为对接续的召唤,对未来的需求。

我们已通过四类现象接近"建制"概念,前三类处理个人的或主体间的历史,而最后一个处理公共的历史。

有某种像建制那样的东西甚至存在于动物性之中(动物被它出生时便围绕它的生物所渗透),且存在于各种被看作纯"生物的"人类功能之中(青春期呈现出保存的节律:承续并超越过去的事件——在此是各种俄狄浦斯式的冲突——这正是建制的特征)。然而,对人而言,过去不仅能够朝向未来或给出成人问题的各种界限,而且以卡夫卡的方式引发一种探求,或导致一种不确定的阐明:在这种情况下保存和超越会更加深刻,以至于不能依据行为的过去解释行为,就如不能据其将来那样,它们已经成为彼此的回响。普鲁斯特对爱的分析表明了过去与将来、主体与"客体"、肯定与否定之间这种同时性、这种相互作用。在最初接近时,情感是一种幻觉,而建制是一种习性,因为存在着在别处或童年习得的爱的方式的转移,因为爱恋所保留的仅仅是"对象"的内部形象,而为了成真并达到他者,它就不能是被某人已经经历过的爱恋。然而,一旦认识到纯粹的爱是不可能的,爱是纯粹的否定,那么需要确定的是,这种否定是一种事实,这种不可能已经发生;因此普鲁斯特隐约看到了通过否定(via negativa)的爱——忧愁中确凿无疑存在着这种爱,尽管忧愁包含着分离与妒嫉。在极度的异化中,妒嫉变为不感兴趣:假装当前的爱仅仅是过去的回响——这当然是不可能的:相反过去则做出准备或预想一种比其更有意义的当下的样子,哪怕它只能在其中认识到自身。

画家的一幅作品的建制和绘画史上一种风格的建制,给出了同样的隐性逻辑。画家学会创作而不是模仿他的前辈。他的每一幅作品都预告了其接续——并使作品之间各不相同。全部作品都联系在一起,但他并不知道他会走向何方。同样地,在绘画历史上,鲜有问题(例如透视问题)被直接解决。当研究陷入僵局时,其它研究就会产生分化,而新的动力则允许人们克服另一种偏差带来的障碍。因此,与其说存在一个问题,毋宁说存在一种绘画的"探问",这足以为绘画的全部努力提供一种共同的意义,并使它们合并为一段历史,而不允许概念侵入其中。

这只是对个人生活和艺术的前客观领域才是真实的吗?知识

的发展是否遵循显性的逻辑？如果必须存在一种真理，那么各种真理是否在一种只是逐渐显示自身但其整体则超越时间而自在的系统中相关联？为了变得更加灵活且看起来更为坚决，知识运动给出的过去与未来之间的内在关联，与我们在其它建制中察觉到的同样多。表明整数为更本质的数的一个特例的"理想化"系列，并不把我们置于它可能由之被推演出的理智世界之中，而是重新表明了整数的还是暗含着的明证性。知识的历史性并不是知识的"明显"特征，任由我们自由地使用分析方法定义"自在"的真理。即使是在精确知识的领域中，也应当以真理的"结构性"构想（韦特海默[1]）为目的。存在着对于知识的各种活动而言公共领域意义上的真理。

如果最确定形式的理论意识并不外在于对历史性，那么人们反过来可以想见，历史将受益于这种亲近关系，并在接受前面对系统概念的限定的情况下，让思想来支配自身。然而，这会忘记思想只有通过其各种范畴的自我批评，通过侧面的渗透，而非通过一种原则上的普遍存在，才能通向另一个历史视域、另一种"精神工具"（吕西安·费弗尔[2]）。存在着我们生活中的各种事件偏离中心与重新聚焦的同时性，存在着我们朝向过去和被重新激活的过去朝向我们运动；过去对当下所做的这种工作不是终结于一种封闭的普遍历史，不是终结于人类的相关于如亲缘性那样的建制的所有可能的关联的完整系统，而是终结于各种复杂可能性的图像，这些

---

[1] 韦特海默（Max Wertheimer，1880 – 1943），德国心理学家。——中译注
[2] 吕西安·费弗尔（Lucien Febvre，1878 – 1956），法国著名的历史学家。——中译注

可能性总是与局部情况相关,与事实性相关,我们不能说它们中某一个比其它更真实,尽管我们可以说其中之一更不真实、更虚假,且更少地朝向一种不够丰富的将来。

这些分析片段趋向于修正黑格尔主义,它是现象学的发现,是世界的各种事件之间生命的、实在的和本源的联系的发现,但黑格尔主义把这种联系置于过去,使之从属于这位哲学家的系统看法。然而,要么现象学只是真实知识的导论,这种知识对经验的历险而言仍然是陌生的,要么它整个存在于哲学之中,它不能被"存在在"(L'Être est)这一前辩证的公式所断定,那就必须把对存在的沉思考虑在内。我们在此想准备勾勒的,正是从现象学到历史形而上学的进展。

周一的课程

被动性问题：睡眠、无意识和记忆

如何设想主体从未遇到过各种障碍？如果主体自身设置了它们，那它们就不是障碍。如果它们真的阻碍主体，那我们就被引向一种哲学的种种困难，它把主体放入宇宙秩序之中，并使精神的运作成为自然目的的一种特殊情况。

正是在这个问题上，知觉的所有理论发生碰撞，而对知觉经验的阐明应当反过来使我们认识一种存在的样式，与之相关的主体既不是支配者，也不曾被置于其中。

这一课程致力于在感性自然之外拓展被感知世界的本体论。不论涉及的是理解意识如何沉睡，如何能被它似乎遗忘的过去所激发，还是它最终如何能重新打开通向它的过去的道路，被动性都是只在如下条件下才是可能的："具有意识"不是将人们所拥有的"意义赋予"不可把握的知识材料，而是认识到某种间距、认识到处在被制定的存在场中的某个变项，这一存在场总是在我们之后，其份量如同一个飞行器的重量，甚至参与到我们改变它的活动之中。生存对一个人而言，不仅是连续不断地添加各种意义，而且是延续一种经验的漩涡,它的生成与我们的出生一起,就在"外界"与被召唤来经历它的人的接触点上。

尽管有各种语词,睡眠却不是一种活动、一种操作,不是睡眠的思维或意识,它是知觉进程的形态,——更确切地说,它是一种暂时的纷杂模糊,一种祛分化,是对含混不清的恢复,是与世界的整体的或先个体的关系的褶皱,而世界并不是真的不在,它毋宁是在远处。身体在它之中标示我们的位置,并与它保持最低限度的关系以便苏醒得以可能。意识哲学通过把睡眠设定为不存在于真实的世界,或是把睡眠设定为存在于没有一致性的想象世界解释——并扭曲了——这种关系,这是指出否定就是缺乏一切标记与控制的肯定。在睡眠中对世界的否定也是维持世界的一种方式,睡眠意识因此并不是纯粹虚无的议事录,而是被过去和现在的碎片所堵塞,并与它们一起运转。

梦不是清醒状态下那样形象化意识的简单类别,不是一种无论通过什么象征都可以设想所有事物的纯粹力量。如果梦是这种没有限制的变化,如果梦使意识归于其本质的错乱——这种错乱在于意识没有本性,而且立即是它认为或觉得它所是的东西,那么人们便看不到沉睡的意识如何醒来,它如何认真地对待清醒的人用之断定现实的条件,我们的梦如何能具有它们对于我们的分量,而这些分量应归于与我们过去的种种关系。现实与梦想之间的区别并不是充满意义的意识与返回自身的空洞的意识之间的简单区别。这两种模式之间彼此侵越。我们与各种事物,尤其是与其他人之间的清醒关系,原则上有一种梦幻的特征:他人对我们的呈现就像梦、像神话一样,这足以挑战现实与想象之间的划分。

梦已经提出无意识的问题，做梦主体的避所的问题，在我们之中做梦的人的问题，取之不尽的、不可消除的背景——我们的梦正是从之得出——的问题。人们有理由指责弗洛伊德用无意识之名引入了二级思维主体，它的各种产物会被一级思维主体简单地接受，而他本人也承认这种"魔鬼学"只是一种"粗糙的心理学构想"。但是，对弗洛伊德的无意识的讨论常常导向意识的垄断：人们把它还原为我们决定不予接受的东西，而且由于这种决定假设了我们与被压抑东西之间的联系，那么无意识便只是不良信念的一个特例，是形象化自由的犹豫。如此人们便错失了弗洛伊德带来的最有趣的观点——这种观点不是二级的"我思"的观念，它知道我们不知道我们的什么，而是原初的、本源的象征的观念，是封闭在"为我的世界"中的"非常规思维"（普利策①）的观念，这种"为我的世界"是梦而且更一般地是我们的生命规划之源。做梦并不是把对他本人（或对二级思维主体）清楚的隐性内容以同样清楚却具欺骗性的关于显性内容的语言表达出来，而是通过显性内容体验隐性内容，前者从清醒的思维来看并不是后者的"相即"表达，但这不是因为它更蓄意地伪装；显性内容的语言依据各种等价物、原初的象征和梦中意识的结构所召唤的各种投射方式，对隐性内容仍然有效。弗洛伊德的《梦的科学》对梦中意识做了完全的描述——这种意识是忽略了不而只缄默地说是的意识，它在为分析师提供其所期待的回应时，因其不能言说、计算和实在地思考，被还原为主体先前的规划，以至于我们的梦并不局限于我们做梦的时刻，而是将

---

① 乔治·普利策（George Politzer, 1903 – 1942），法国哲学家。——中译注

我们先前绵延的所有片段整个地带入我们的当下之中——这些描述意味着无意识是一种知觉意识，它通过蕴涵逻辑或混乱逻辑而像后者一样运行，逐渐地沿着一条它并不完全清楚的道路前行，通过它所拥有的对对象与存在的否定而面对它们，这足以决定意识的步骤不需要它能够"通过其名称"说出它们。如梦一样，妄想富含内在的真理，它活动于与真实关系——它没有这些关系不过仍考虑它们——等价的关系网中。弗洛伊德主义的本质并不在于揭示了各种显像背后有另一种完全不同的实在，而在于揭示了对行为的分析总是发现意义的多重层面，它们各有其真理，各种可能解释的多元性是对一种复杂生命的话语表达，在生命之中每种选择都有多重意义，而人们无法说它们中的哪一个是唯一真实的。

只要我们在将记忆看作保存与将记忆看作构成之间犹豫不决，记忆问题就陷入僵局。人们总是能够表明意识在它的"各种表象"中只能找到它放入其中的东西，因此记忆是构成——然而需要在此之后的另一种记忆，它测量前一种记忆各种产物的价值，即无缘由地、依据与我们的自主记忆相反的方式被给予的过去的价值。只有当我们不再根据表象提问题，过去的内在性与超越性、记忆的能动性与被动性才能被调和。如果当下不再是"表象"(Vorstellung)，而是在世存在之标记的某个唯一位置；如果我们与它的各种关系，如同我们与空间环境的关系，在它滑向过去时，都被归因于拥有并指定了一系列位置和时间可能性的姿势图式；如果身体是每次回应"我在哪里，什么时候？"问题的应答者，那么就不会存在保存与构成之间的二择一，记忆就不会是遗忘的对立面，人们就会看到：真实的记忆位于保存与构成的交会处，处在遗忘所忘记和保存的回忆恢复的时刻;清晰的回忆与遗忘只是我们与过去的间接关系的两种模式,而过去只有通过它在我们之上留下的确定空白才会对我们出现。

  这些描述、这种现象学总有令人失望的地方,因为它们把自身局限于在肯定之中识别否定和在否定之中识别肯定。反思似乎要求补充的解释。只有当人们质疑这一要求的基础,只有当人们在原则上解释否定与肯定之间的各种关系为何如其所是地呈现自身时,描述才有其丰富的哲学意义,这就为一种辩证的哲学奠定了基础。

1955—1956

周四的课程

辩 证 哲 学

　　本课程的标题假定,在通常被称作"辩证的"各种哲学之间存在一种共同的思维方式,它有待在各种哲学的分歧之外确定。我们还未曾使用归纳史的方法来证明这种看法。然而,不能用一种构成来替代历史的各种结论(假设它可以有定论)。我们仅仅打算确定一种理智的方法与各种主题,它们属于今日一如属于昨天,而过去的各种哲学之所以被引入——尤其是在周一的课程中——只是为了谈论这种图式。这一研究只宣称了哲学有权思考其过去,有权在过去中重新找到在自身位置上的、在哲学史旁边的合法活动,尤其当哲学把自身限制在过去的哲学就它们的历史背景、内部安排与既定问题可以意谓的东西上时。

　　辩证思维被界定如下:

　　1. 作为诸矛盾的思维。这意味着它在对立面之间既不支持相对主义的调和,也不接受"坏的辩证法"玩弄的含混同一。如果对立的每一面都只是另一面的不在场或不可能性,那么它们恰恰在它们相互排除的程度上彼此召唤,并因此在一种始终无法设定的思维之前持续地相互替代。只有当肯定与否定的关系并非二择一时；当否定的"不"(non)能够作为抽象的或直接的否定行使其反对自身的功能，而且能够在建立其超越时建立矛盾时，有效的矛盾才能存在。黑格尔的否定之否定概念并不是绝望的解决方案，或逃离尴尬的语词技巧。它是一切有效矛盾的表达，在把它弃之一边时，人们放弃的正是作为矛盾创造力的辩证思维本身。消极劳动的概念，否定的概念既没有在排除肯定时耗尽自身，也没有在面对肯定时引发取消肯定的项，而是在肯定的界限之外重建肯定——毁灭它并保全它，这种概念并不是辩证思维的迟来的完善或僵化：这正是其原初的动力（同样，当柏拉图把"相同"称作是"他者的他者"时，我们并不惊讶于发现辩证思维已经被柏拉图指出）。我们将它与现代的超越概念相关联，超越是一种原则上有距离的存在，对它而言距离是一种联系，它不会在距离中与之重合。在此处与彼处，自我与自我的关系通向外部，沉思是现时所需要的，亦或沉思通过自身而存在。

2. 作为"主观的"思维。辩证思维先于反思哲学而发展起来，并且在一种意义上是其对手，因为它把自身的开端看作一个问题，而反思哲学则把非反思的还原为反思后来在其中发现的意义上的简单的不在场。然而，人们仍然可以说辩证法是在克尔凯郭尔与海德格尔给予这个词的意义上的"主观的"思维：它并不使存在建基于自身，而是使存在在某个人之前显现，如同对一种探问的应答。问题不仅相关于，就如人们有时曾说过的，"把主体和客体看作相对物"：如所有"相对主义"思维那样，通过把矛盾简化为关系之间的区别，这种思维把自身局限在处理对立面的公共生活之上。

然而,不能含糊地说客体在某种关系中是主体性,而主体性在另一种关系中是客体。主体性只有在拥有更多的否定时才需要一个世界,存在只有在拥有更多的肯定时才需要一种限制并确定存在的非存在。因此,辩证思维要求我们修正通常的主体和客体概念。

3. 作为循环思维。辩证思维由于不愿意迁就反思和非反思,所以它把自身显现为它之前事物的发展和破坏,因此,它的各种结论之中保存了其所引发的进展。事实上,结论只是对先前步骤的探问。因此辩证论者总是一个"初学者"。这意味着辩证思维的循环不是这样一种思维,它遍历所有事物而没有发现任何要思的新的东西;相反,如果真理脱离了自身的变化,或遗忘它,或确实把它丢入过去,那么真理便不再是活的真理,对辩证法而言的一切总是需要被重新思考。因此,十九世纪把辩证法应用于历史之中并非出自偶然,而且,正是在这一领域中,辩证法才成为自身:它必然只能逐步地实现、缓慢地行进并且从不"以单个命题"表达自身,就像黑格尔所说的那样。早在柏拉图那里,如同《巴门尼德篇》中著名的"弑亲"所显示的,历史的发生或联系被放入一系列否定之中——它们进行着内在化和保存,并被理解为辩证关系的突出情况。最终,尽管在此辩证法的程式仍是黑格尔提出的,但辩证法却一直被看作思维的经验,也就是说,辩证法学习过程中的一段历程,尽管辩证法要学习的内容——"自在"——在它之前已经在那里,但自在只是通向自为存在的路径。

按照这样的理解,辩证思维就是一种艰难的平衡。就像否定思维那样,它包含了一种超越的元素,它无法将自身限制在多元关系中,它敞向一个那边的实体(ἐπέκεινα τῆs οὐσιαs),一如柏拉图所说。然而,这种对存在的超越——其位置仍然是确定的——,就像《巴门尼德篇》第一论证中的"一",不能被思考亦不存在,而只有通过分有的多元性它才显现。因此,存在一种辩证的绝对,它只是为了保持自身的位置和轮廓的多重性,为了反对各种关系的绝对化而存在。这种辩证的绝对在关系之中是"流动的",并且内在于经验之中。然而,从定义上说它是一种不稳定的状态,总是要么受实证主义思维、要么受否定主义思维的威胁。

在课程的最终部分,我们要研究这些偏差中的一些。我们考察了黑格尔从辩证到思辨,从"理性的否定"到"理性的肯定"之间的转变——它最终使辩证法转变为体系,这在绝对的定义中使天平的一端向主体倾斜,因此赋予"内在性"一种本体论的优先性,尤其是剥夺了自然自身的观念,使外在性成为一种"**自然**的缺陷"。而黑格尔的后继者们对他的体系和思辨的批判,同样未曾表明向辩证灵感的真正回归。克尔凯郭尔针对"客观思维"与"世界历史"的论战本身是明智的,而且本可以开启一种实在的辩证法,最终却终结于对沉思概念——即对辩证思维本身——的攻击,终结于以"决定"或"选择"的单一名称对矛盾未分性的赞赏,这是一种由无知确定的信念,一种由痛苦确定的快乐,一种"宗教的无神论"。在《1844年经济学哲学手稿》的马克思那里,人们发现,除了作为人的"诞生活动"的历史和作为否定性的历史的观念之外,他反对费尔巴哈而捍卫把辩证法置于人类"前史"筹备阶段的自然主义哲学,这种自然哲学把作为"自然的"或"客观的"存在的人的全部肯定生活当作超越共产主义的、"否定之否定"的视域,已经解决了历史之谜。在《资本论》中，第二种哲学最终占据了上风（这就是为什么马克思能在其中把辩证法定义为"各种实存事物的肯定理智"），而在一些马克思主义者那里更是如此。在我们的同代人中，"否定主义"思维再一次占据优势，这出人意料地成为他们的新马克思主义的特点。对萨特而言，在完全是肯定性的存在与"不存在"的虚无之间，不存在辩证法。取而代之的是对虚无的牺牲，它完全致力于显示存在，并绝对地否定它之所是的绝对否定。否定同时是仆人和主人，是进行否定的和被否定的，它在原则上是有歧义的；它的赞同是一种拒绝，而其拒绝亦是一种赞同。否定在它于其中被禁止且外在于它的存在领域之中，无法为它的各种选择找到标准，因为在确立选择时，标准会使它屈从于各种条件，而且没有任何条件会确保且限定存在与虚无之间的关系：这一关系如人们所愿，或是整个的或是没有的，它是整个的因为虚无不存在，它并非乌有因为它要求整体。萨特的哲学比任何其它哲学都更加强调本质的危机、困难以及辩证法的任务。

周一的课程

关于辩证法的各种文本与评论

这一课程计划对辩证哲学内外的各种文本做一自由的评论，之所以选择这些文本是因为它们阐明了辩证思维。

芝诺的论证在各个时代讨论它们的哲学家中已被当作对辩证思维的考验而被研究过。它们首先被看作直接的知觉应当对之进行驳斥的诡辩（柏格森仍然这样认为），它们最终被看作具有数学中有限与无限之关系特征的悖论（柯瓦雷①）。芝诺的传奇为我们显示了一种思想的转变，即从以同一性理想之名对逻辑丑闻的揭露到相反地接受矛盾为存在之活动的思想的转变，从饶舌的与"口技表演的"辩证法到真正辩证法的转变。

柏拉图的《巴门尼德篇》，以及《泰阿泰德篇》和《智者篇》曾被当作同一辩证法的不同范例被研究过，这一辩证法既不是上升的，也不是下降的，换句话说，它保持在自身的位置。这曾是讨论最近把柏拉图主义看作二元论或倒退的解释的契机。

---

① 柯瓦雷（Alexandre Koyré，1892－1964），俄罗斯裔科学史研究专家。——中译注

接下来,我们致力于标记其他思想家的辩证法道路,他们并不把辩证法当作职业,他们对辩证法的接受是不情愿的甚至有违本意。蒙田就是如此,辩证法在他那里主要是对自身的各种悖论与各种罕见情况的描述,这构成了他的智慧,我们在那里成功地使我们的全部存在"从单一的碎片开始运转"。笛卡尔也是如此,尽管他用"理性秩序"的原理曾让哲学成为最不辩证的样子,但他却发现自己被引向了设想一种非线性秩序,以及建议一种理性关系(nexus rationum)。最终帕斯卡在概述趋同的方法和准知觉"秩序"的概念,同时离开和返回中心时,也就是说,他在概述真理的辩证理论时也是如此。

从康德的纯粹理性的二律背反到黑格尔的辩证法的转变——盖鲁[①]在1931年的论文[②]中所描述的——最终为重新考察哲学与其历史以及与辩证思维体制中的历史之间的关系提供了契机。

[①] 盖鲁(Martial Gueroult,1891—1976),法国哲学家。——中译注
[②] 盖鲁:"黑格尔对纯粹理性反题的评判"("Le jugement de Hegel sur l'antithétique de la raison pure"),《形而上学与道德杂志》,1931,第413—439页。——英译注

1956—1957

周一和周四的课程

自然的概念

当我们为今年、还有明年的课程制定唯一的主题——**自然**概念时，我们似乎在坚持一个不合时宜的题目。然而**自然**哲学陷入其中的放弃还包含着对于精神、历史和人的某种看法。人们允许它们作为纯粹的否定性显现出来。反过来说，在重返**自然**哲学时，我们仅仅是表面上绕开了这些主要问题，我们寻求的是为它们准备一个并不是非唯物论的解决办法。当所有自然主义被放在一边时，那种闭口不谈**自然**的本体论将自己限制在无形体的东西上，并且出于同样的原因，给予人类、精神和历史一种虚幻的形象。如果我们强调**自然**的问题，那是带有双重信念的：它不能单独成为本体论问题的解决办法，它也不是这种办法附属的或次要的元素。

起初令人奇怪的是马克思主义哲学家很少关注这个问题，这本应是他们的问题。**自然**的概念只是转瞬即逝地出现在马克思主义哲学家那里。它在他们那里是为了证明人们处于自在中，处于不透明的存在中，处在纯粹客体之中。然而我们就**自然**之所知是否允许我们让这一所知扮演这种本体论的角色呢？人们从来没有问过这个问题。对原则上处于客观实在之中的确信允许极度漠视内容，尤其漠视我们关于**自然**和物质的知识，它们很多是抽象的建构。这种错误的辩证法可能源自于马克思本人。《1844年经济学哲学手稿》时而把**自然**描绘成法理上的均衡状态——将向着已完成的人类历史靠拢的稳定存在；时而把**自然**看作人类历史要否定和改造的东西。这两种看法与其说被克服和超越了，还不如说被并置到，最终被强制混合到了"客观活动"的绝对中（《关于费尔巴哈的提纲》）。因此很可能是马克思的哲学本身预设了一种完全客观主义的**自然**观念，有时是为了确认它，有时又是为了否认它。即使当一位马克思主义哲学家（卢卡奇，《青年黑格尔》）承认马克思主义不能简单地赞同费尔巴哈的自然主义反对黑格尔的唯心主义，他仍始终不愿意冒险描述第三种立场，即辩证法的真正的中项，并且仍没有确定地主张"唯物主义"。更不用说，他没有尝试对恩格斯可能思考的**自然**与我们50多年来所学会认识的**自然**做任何对照。历史上那些最著名的哲学建基于一个从未被澄清的、或许是神秘的概念。纯粹客体，自在存在：一切都被包括在它那里，但它却无法在人类经验中被找到，因为从一开始，人类经验就加工和改造它，**自然**对于人类经验来说无所不在却又无处可寻，就像一个幽灵一样。因此，在尝试澄清这一问题时，我们并没有远离历史。

  说实话，只要人们稍微专注于这个问题，人们就会遇到一个谜题，主体、精神、历史和整个哲学在那里都关联在一起。这是因为**自然**不仅是只与知识相关的意识的客体、相对者。而且它是我们从其中涌现出来的客体，我们的各种预备性条件已经一点点地在其中被给出,并最终凝结成一个实存,而它继续维持这一实存并为其供应各种物质。不管涉及个体诞生的事实,还是涉及建制和社会产生的事实,人与存在之间的本源关系都不是自为与自在的关系。然而,这一关系在每个感知的人那里都在继续存在。不管感知者的知觉负载了多少历史的意义,知觉至少要从原初的东西那里借用其显示事物的方式及其两间的明证性。吕西安·埃尔[①]在评论黑格尔时指出,**自然**"第一天就有了"。它总是作为先于我们的东西出现在那里,而它在我们眼里却始终是新的。这种远古在当下之中的蕴含,这种当下对最新当下的召唤,使反思性思维迷失了方向。对反思性思维来说,空间的每一个部分都为它而存在,各个部分只有在它的目光下并且通过它才能共存。世界的每一时刻在其不再是现在时也就不再存在,它只有通过反思性思维才会维持在过去的存在中。如果人们能够取消思维中的所有意识,那么就只有瞬间存在的涌现仍然存在,它一出现马上就消失。过去的虚幻而顽固的实存转变成被设定的存在,这种实存可以是清楚的或模糊的,充实的或缺失的,然而它无论如何都是我们的认识行为的真实相关项。人们在精神的界限内只能找到瞬间的精神或记忆的空点(mens momentanea seu recordatione carens),即说到底,什么也找不到。如果我们并不甘心于说一个被删去了意识的世界什么都不是,一个没有见证的**自然**不曾且不会存在,那么我们就必须以某种方式认识到原初存在既还不是主体存在,也还不是客体存在,而且它从所有方面打乱了反思:从它到我们,既没有衍生也

[①] 吕西安·埃尔(Lucien Herr,1864—1926),法国知识分子。——中译注

没有断裂;它既没有一个机器的严密结构,也没有先于其各部分的整体的透明性;人们既不能设想它孕育自身,这样会使得它成为无限的,也不能设想它由别物产生,这将把它带回到无生机的产物和结果状态中。正如谢林所说,在**自然**中存在着某种东西,它让**自然**把自身作为上帝运作的独立条件强加给上帝。这就是我们的问题。

在尝试解决这个问题之前,人们必须在不同思想传统中重新发现这一问题。我们打算先在今年的课程中清点构成我们的**自然**概念的要素。随后,我们才开始在知识的发展中追寻一种新的**自然**意识呈现的各种迹象,而且这一工作今年只在物理**自然**方面进行。在接下来的一年里,我们将继续考察当代研究中的生命和文化意识的呈现。这样的话,我们将能够确定**自然**概念的哲学意义。

(一) 我们的自然概念的各种要素。

1. 因为我们的目标并不是梳理**自然**概念的历史,所以各种前笛卡尔的**自然**观念,如人是其组成部分的命运或整体动力的自然观念,未就其自身得到研究。对我们而言,似乎更可取的是参照笛卡尔的观念,无论是对还是错,它直到今天仍然主导着我们的各种**自然**概念——即使对它的讨论会使笛卡尔之后一再重现的那些前笛卡尔主义的主题再次显现。

2. 笛卡尔的**自然**观念。——笛卡尔承认,尽管上帝以他的形象一下子就创造了我们的世界,然而**自然**法则的内在运转已经给予世界了这一形象,而且这些法则必然来自于无限存在的属性。这实际上是把**自然**的人为性还原为它赤裸裸的实存:如果上帝没有打算创造世界,世界就不可能存在,因此世界从一种"在前"中涌现出来,那里什么都没有,任何占优势的可能性都预示着世界和召唤着世界实存;然而,世界从涌现的那一刻开始就必然是我们看到的那样,它是没有犹豫、没有涂改、没有弱点的东西,它的实在既不包含缺陷也不包含裂缝。世界不存在——按照上帝来思考事物这仍是可能的——的看法丝毫不能消除世界的可靠性:相反,它承认这一可靠性,因为它使人们理解,如果世界不是我们看到的样子,那么世界什么都不是。上帝的存在也被同样的两难困境所确定:说上帝是自身的原因,这就是尝试想象乌有并确认,我们在这一基础上发现了存在的涌现,存在被自身带走并产生自身。认为乌有在世界相关的东西中有其真理的假设,在此只是语词上的:上帝不存在是永远不可能的。然而,它仍处于笛卡尔思想的视域中:如果我们不曾片刻地,甚至是虚拟地想到上帝的结果,那么"自因"就毫无意义,上帝的结果与所有的结果一样都需要由它的原因支持,如果没有这个原因它将不存在。人们无法思考虚无,因为人们被包围在无限的充实之中;当人们要思考时,规则已经形成:为了思考,就必须存在。然而,思维的存在只有在怀疑的至高点上才会认识到自己,而且是在思维通过它本身否定所有存在的事物时。以同样的方式,我们只有依赖所有实存之物才能找到自因,而且它使自身实存所借助的那份力量与它终止的那份怀疑完全成正比。

笛卡尔的**自然**概念正是在这种复杂的本体论中出现的。它要求所有存在,如果不应什么都不是,就必须充实地存在,没有空白,亦没有隐藏的可能性。**自然**不再包含神秘与掩饰。这要求**自然**必须是机械论的,人们原则上能够从各种法则导出这个世界的图景,而法则本身表达的是无限生产力的内在力量。依据笛卡尔之前的一种区分——笛卡尔的思想赋予这种区分了新的活力,我们称作**自然**的就是被生者,是纯粹的产物,由绝对外在、完全现实且明确联系的各个部分所构成,黑格尔称其为"空的贝壳"。所有的内在都被归之于上帝,纯粹的能生者。作为自在对象的自然存在是其所是,因为它不能是其它——我们的这一概念历史地、哲学地来自于一种没有限制的、无限的或自因的存在概念,而此概念本身则来自于存在与虚无的二择一。笛卡尔的**自然**概念在这种本体论消失后继续存在于学者们的共识之中;这些学者长期致力于把他们各自的成果重新归属到这种本体论的辖区之内,只有现代科学的几乎不再是笛卡尔式的发展才为他们揭示了另一种本体论。

然而,即使不跳出笛卡尔的著作,人们或许也已认识到笛卡尔本体论的各种局限。因为我们所讨论的**自然**,是向我们显示出其明证的本质的**自然**,是依据"自然之光"的**自然**。然而,通过坚持创造活动的偶然性,笛卡尔既坚持了**自然**的事实性,又基于这种实存**自然**,使一种区别于纯粹知性的视角合法化。我们已经进入这一自然之中,不仅通过它,而且通过我们与**自然**的具有特殊地位的部分,即我们的身体之间的生命关系,通过"自然倾向"——其教诲无法与纯粹知性的教诲相一致。这是一种生命,它有效地包含了人类复合体的生命。然而我们如何让纯粹知性来定义存在与真理,如果它并不是为了认识实存的世界而建立?如果我们将空间的定义考虑在内,例如我们的身体空间——我们在其中是实在统一的,那么如何坚持广延之物的知性定义呢?笛卡尔在人的身体理论中的犹疑证明了这一困难。他的立场看上去是:对我们来说,实存的经验不能被还原为纯粹知性的视角,但它也不能告诉我们与纯粹知性视角相反的东西,它不是自在——即不是为了上帝的存在——这与它不相容。然而问题作为上帝的知性与其意志之间的关系问题再次出现在上帝那里:如果**自然**只有通过上帝的决定,而且是持续的决定才存在,那么它就不会凭其基本法则的必然性而持存于时间之中(毫无疑问也不在空间之中)。作为**事件**或事件全体的**自然**与作为**对象**和对象全体的**自然**保持着差异;同样地,作为世界自由创造者的上帝,与作为因果性之源完全决定论由之而来的世界的上帝——这二者也不一样。

3. 康德的人文主义和**自然**。——康德主义放弃了从无限存在中推出作为其唯一可能显现的自然存在,——但这并不是为了承认它是一种原始存在并对之进行研究。《纯粹理性批判》通过将**自然**定义为由人类知性的自然概念(Naturbegriffe)协调的"感性对象的总和"(Inbegriff der Gegenstände der Sinne)而拒绝了这项研究。我们能够谈论的**自然**仅仅是为我们的**自然**,在这一点上它仍是笛卡尔所思考的对象;简言之,它是由我们构成的对象。

然而,康德超越了这种人类学哲学。有机体——其中每一事实都是所有其它事实的原因和结果,在这个意义上亦是自身的原因——提出了整体的自生问题,或者更准确地说提出了这样一种整体性的问题,它完全不同于人的技艺,它对自身的材料进行加工,因而可以说源自于这些材料。看起来好像是人们在世界的存在中发现了一种不是因果性的外在关联的联系模式,一种不是意识的内在性的"内在",因此**自然**是不同于对象的事物。康德说,我们不需要等待另一个牛顿帮助我们通过因果关系来理解什么是草叶。如何奠定自然的各种整体性呢？这是不是意味着我们必须认为因果解释秩序与整体性秩序为人类知识的两个特征？然而，被定位在现象（基于相同事物而产生的全部储备物）中的这两种理解模式难道都是合理的，难道不相互排斥吗？各种现象的人类秩序的褶皱从定义上就使人想起事物自身的秩序，其中人类的各种视角是可以并存的，因为它们一起是实在的。为了使因果性解释与整体性考虑两者确定地成为合理的，仅仅说因果性和整体性在教条的意义上都是错误的——这还不够。我们必须认为它们在事物中都是真实的，它们只有在互相排斥时才是错误的。一种有权协调我们的经验且仅限于此的推论的知性观念至少意味着一种"非推论的知性"观念，后者同时确立了因果解释与整体知觉的可能性。人类的表象哲学并不是错误的，而只是肤浅的。它意味着正题与反题的调和，人类只是它的剧场而不是行动者。

康德晚期的分析并没有继续这种后来成为浪漫主义的哲学道路。康德尽管在谢林之前描述了机体的整体性之谜，描述了自然生产之谜，在自然生产中形式与物质具有相同的本原，因此质疑了与人类技艺的任何类比，但他最终只是确定地将"自然的目的"(Naturzweck)当作合法的似人类的名称。任何人类主体都不可避免地会考虑整体性，这些考虑表达了我们观察到存在者的偶然性与知性法规之间自发的一致性时的愉悦。它们不意指自然存在的构成物，而仅仅是我们的各种能力的幸运相遇。自然，感觉对象的总和，是由牛顿物理学的各种自然概念(Naturbegriffe)确定的。我们更多地从它的主体出发思考，然而这里只有我们的反思。如果我们想在事物的各种属性中领会它们，我们将受阻于目的论明显的失败。**自然**的考虑以这样的迂回充其量只能给出一种"魔鬼学"。正是在"自由概念"中,且仅仅在其中,因此是在意识与人类中,各个部分与概念的一致性才具有一种实在的意义,**自然**的目的论是"人本体"的反映。目的论的真理就是自由的意识。**自然**的唯一目的是人,这并不是说它准备并创造了人,而是因为人以回顾的方式通过自己的自主性赋予自然一种目的性的模样。

康德主义在19世纪末的复兴是这种人类学对**自然**哲学的胜利,这是康德已经预感到的,并且是他的后继者曾经想要发扬光大的。布隆施维克[①]曾想通过消除知性的先天结构与经验的事实性之间的距离最好地挽救康德主义,而经验在康德那里引出了直观知性的理想并维持着自然存在的根本原初性之谜。然而这种解决方法却加剧了其它问题:如果似布隆施维克所说,我们不再有权利讨论自然的建筑术;如果知性的各种概念分有经验的偶然性;如果它们总是在负担"事实性系数"并与世界的一个结构相联;如果我们的法则只有在假设某些同步性时才有意义,而法则只是它们的表达因而并非其源泉;如果像斯多葛主义者已经预言的那样世界凭借一种原始的统一而"维持",人类知性的统一毋宁说是它的表达而非它的内在条件;那么**自然**存在绝不是自然的对象-存在,因此**自然**哲学的问题重新出现。

4. **自然**哲学的一些评论。——谢林公开质疑笛卡尔的必然存在概念。这一概念对谢林如同对康德一样,是"人类理性的深渊":必然存在不会是首要的,除非它能怀疑自身,但如果必然存在

---

① 布隆施维克(Lénon Brunschvicg,1869-1941),法国哲学家。——中译注

这样做了,如果它提出了康德所说的问题,"我在哪里"(Woher bin ich denn?),那么它就否定了自身是首要的。反思并不能将自身关闭在或带入到必然存在的观念中。然而,当康德把必然存在的观念留在不可知与缺乏(可能由主体的形而上学来填满)中时,谢林把深渊理解为一种终极实在,并把绝对定义为一种没有理性的实存(grundlos),一种维持"世界的伟大功绩"的"超存在"。就像绝对不再是自因的存在,不再是虚无的绝对反面,**自然**也不再具有"唯一可能世界"的绝对实证性:第一自然(erste Natur)是一种模糊的原理,如谢林所说是"未开化的",它能够被超越但永远不会像未曾存在那样,它不能被认为相对于上帝是第二级的。更何况是不能通过我们的判断力和人类反思能力去阐明自然的生产之谜的。对于"康德最终的清醒言论所梦想的东西",谢林与其说试图去思考,毋宁说试图经历(leben)并体验(erleben)。这里所说的是"理智直观",它不是神秘的能力,而是尚未被还原为各种观念的知觉,知觉长眠于自身之上,在知觉中所有事物都是自我因为我还没有成为反思的主体。在这个层面上,如费希特所认为的,光和空气并不是视觉和听觉的场所,亦不是众多理性存在使用的交流方式,而是"那些被镌刻于**自然**之上的永恒的原知识(Urwissen)的符号"。知识被束缚且默然无声,只能被人释放出来,但知识要求人是自然生产力的自觉生成,要求人在远离**自然**时成为**自然**以获取认识。谢林原则上认为(我们无法像环绕他的诗人和作家们那样健谈——同样我们也无法谈论谢林身上具有的,却使他偏离其原则的那种不良天赋),**自然**从来没有引发二级科学或者一种玄知(Gnose),这种学科或玄知将我们在理智直观的"绽-出"(ekstase)中瞥见的实存**自然**的关系客观化,并荒谬地将之转变为二级因果性。只有一种努力能弄清楚实在世界的重量,能使**自然**区别于"无能为力"(黑格尔)或概念的不在场。卢卡奇[①]赞赏谢林"在先验哲学中引入反射(Wiederspiegglung)学说",但对谢林赋予先验哲学以"观念主义"和"神秘主义"的样子表示遗憾。卢卡奇当作非理性之物的无疑是人之中的**自然**与意识交流的观念,人与**自然**的内在关系的观念。然而,"反射学说"或镜面学说,显然使**自然**成为我们反照的对象,如果哲学不必是非唯物论的,它就必须在**自然**和人之间确立一种比这种镜像更密切的关系,而且**自然**和意识只有通过我们与我们的肉身存在才能真实地交流。此外,这种关系既没有消除也没有取代我们与历史上的人类环境另外的关系:这种关系仅仅使我们反过来把它设想成一种有效联系,而非把它构成为自在历史进程的"反射"。

看上去柏格森与谢林哲学的精髓相距甚远。与谢林不同,他未通过重复反思(青年黑格尔称之为"直观的直观")寻求非反思。他似乎一开始就要置身于实证中,如果其分析的进程将他带离了实证,他并不是有意的而且完全没有意识到这种辩证法。然而,人们对他的这一责备包含些许自负。比之于从辩证法开始、提前认识其程式或者图式、并依据诸普遍信念之一——斯宾诺莎将这些普遍信念当作第一种类的知识——到处应用辩证法,而不思考辩证的存在来自何处,不由自主地重新发现辩证法,也许是一种更可靠的认真对待辩证法的方法。纯粹知觉也将是事物,然而没有任

---

① 卢卡奇:《理性的毁灭》(*Die Zerstorung der Vernunft*),1954,第110页。

何知觉是纯粹的,所有实际的知觉都处于一个"不确定的中心"面前,并包含了与事物之间的距离,这就是柏格森必须为"识别"一种被说出的知觉所付出的代价:柏格森那里的这种变化不是不由自主的,而是被明确描述的。柏格森的**自然**不单是现实知觉的迷惑人的被感知物,更是一个我们已经远离的视域,一个原初的、已失的未分性,已发展的宇宙的矛盾以其方式否认和表达的统一性,在这个意义上我们有理由将柏格森归入谢林一脉。对生命冲动的分析用准确措辞恢复了《判断力批判》提出的有机自然的问题:如康德和谢林一样,柏格森想要描述自然的活动或生产,它由整体到达各个部分,却与概念的预沉思毫无关联,也不接纳任何目的论的解释。这就是为什么《创造进化论》前几章对生命的描述是忠实而审慎的原因。它没有隐藏它的盲目、迟疑和在许多点上的失败。此外,柏格森讨论一种"简单的活动",他把冲动领会为先于各种后果的原因——这个原因包含了各种后果,这与他本人的具体分析相违背,因此必须在它们之中寻找补救。在反复探索之后,柏格森从斯宾塞①出发重新找到哲学。毫无疑问,他正是沿着自己的道路而最终发现了存在的问题、肯定与否定的问题以及可能与现实的问题,后来者从一开始就已经是这些问题的行家里手。或许这并不是一条糟糕透顶的路线。至少,柏格森要依靠这种方法对那些抽象的,换句话说,那些复杂而简单的主题给出具有真实研究分量的评论。我们已尝试在柏格森与无序、虚无和可能的观念的论战之外,找出他的实证主义的有价值的意义,这种实证主义不能被严

---

① 斯宾塞(Herbert Spencer,1820－1903),英国哲学家、社会学家。——中译注

格地坚持,柏格森也不曾严格地坚持它。在柏格森那里,有一种有机的可能与一种否定性,二者都是存在的成分。他要求返回现实明证性的训诫,不应被看作是论证的幼稚辩解,而应被看作是对自然存在之预先存在——它总是已经在那里——的暗示,这同时也是**自然**哲学的问题。

我们最后再述(《观念 II》所记载的)道路,胡塞尔沿着它从最严格的反思性需求开始,重返**自然**问题。乍一看,**自然**是各种**自然**科学的相关项,是没有任何价值谓词的"纯粹事实"(blosse Sachen)的领域,是纯粹理论主体置于它之前的事物。"客观的"与科学的思想这个主题是我们的意识装置的一部分,一旦我们想要认识、客观化、确定、达到真理,一旦我们首先与自在混淆在一起,这个主题就涌现出来。胡塞尔不是毁坏它而是理解它,即揭示承载它、确立它、构成它并度量它的真理的意识生活。他说在某种意义上,客观存在包含了所有,甚至包含了意识活动,而我们希望把客观存在构筑在意识活动之上;构成客观存在的哲学家是人,他有身体,这个身体处在**自然**之中,由此各种哲学在它们的时间和地点上,在实在世界(universum realistatis)中占据位置。存在自然主义的真理,但这一真理并不是自然主义本身。因为承认自然主义,以及承认意识是作为事件处在纯粹事实领域,这是明确把纯粹事实所属的理论领域当作第一位的,这是一种彻底的唯心主义。这是拒绝辨认种种意向参照物——它们用各种纯粹事实或广延事物的领域指代各种"前理论的事物"、科学之前的意识生活。各种纯粹事实是由纯粹主体主动地构成的对于诸多直观的、被感知事物的原初层面的次级表达。问题在于揭示通向彼此的动机。

然而,被感知事物的直观属性依赖于具有关于这些事物的经验的"肉身主体"(Subjektleib)。我的身体为运动能力的器官——"我能"的器官,我的身体的意识是在两个彼此远离的对象的知觉中,或是在我对于同一个对象的两个相继知觉的同一性中被假设的。还有:我的身体是各种感觉处于其中的"局部化的场"。在探索对象的活动中,我的右手触摸了我的左手,右手触摸感触着的左手,因而右手在左手处碰到一种"能感觉的事物"。既然存在着身体-主体,各种事物只有在他之前才实存,那么各种事物就像内置于我的肉身之中那样,但我们的身体同时也把我们投射到令人信服的诸事物领域,我们由此抵达对各种"纯粹事物"的确信,我们确立了纯粹知识的态度,我们遗忘了承载各种事物的身体的"前构成"的厚度。

此外,为了解释笛卡尔的纯粹"自在",回顾我孤立的身体的运作是不够的。因为交织在我的躯体生命中的被感知事物,还远不能是纯粹的或真实的事物:它在肉身经验中被感知到,就如同在蚕茧中一样;在它之中什么是真正真实的,什么是仅仅与个体的我的特性相联系的表象,这两者之间并不存在任何区别。我远未完全认识它们,因为我的身体——总是首要的——仍然没有被客体化。只有当我把我的身体当作所有其他人类身体之一来思考时,只有当我学会在其它身体中认识我的身体时,只有当我例如学会以我看到的眼睛的类型来想象我的眼睛时,我的身体才被客体化。只有当我的身体与其它活跃的身体处于系统关系中时,唯我论的被感知事物才能成为纯粹的事实。我具有的关于我的身体——经验的场所——的经验,以及我具有的关于在我之前运作的其它身体的经验,它们相向而来并相互转变。我具有关于我的身体——作为"视觉"、"触摸"和我思(因为身体的各种感觉流向它们由之而来的无法触知的意识)的场所——的知觉,并且具有关于另一个"可感受刺激的"、"有感觉的"身体——另一个我思的承载者(因为没有我思这一切将无法实现)——的知觉,——这两个知觉彼此照亮并一起完成。从此以后,我不再是无与伦比的唯我论怪兽。我看到我,我将与我的躯体的特殊性相联的东西从我的经验中清除出去。我面向一个事物,它对所有人而言都是真实的事物。作为诸具身主体的理想共同体的相关项,作为身体间性的相关项的纯粹事物是可能的。

胡塞尔在后期作品中重新开始描述这种在《观念 II》中只是简略地给出的(还时刻被意识的非相对性论点所阻挠的)宇宙生成论。他概略地描述了诸多前客观的存在,它们是诸感知身体的共同体的相关项,并指明了自身的原初历史。在理论活动通过构建而最终完成的笛卡尔的**自然**之中,涌现出一个先在的层面,它永不可能被消除,当知识发展揭示了笛卡尔科学的缺陷时,这个先在的层面要求证明。胡塞尔冒险地把大地[①]描述为前客观的空间性和时间性的所在地,描述为不再是孤立观察者的诸肉身主体的故乡和历史性、真理的土壤或把知识和文化的种子带向未来的始基。

---

① 胡塞尔在 1934 年的一份非正式的和未完成的手稿中讨论了这一问题。手稿封面上描述性的评价如下:"颠覆日常世界观解释的哥白尼学说。本源之基的大地不动。对第一科学意义上的自然的空间性的现象学起源的诸基本研究。一切必要的初步考查。"手稿德文版 1940 年发表,参见法伯(M. Farber)编:《纪念胡塞尔哲学论文集》(*Philosophical Essays in Memory of Edmund Husserl*)(剑桥:哈佛大学出版社,1940),第 307–326 页。——中译注

在成为清楚的、"客观的"之前,真理处在诸具身主体的隐秘的秩序之中。在笛卡尔的**自然**的源头和深处,有另一种**自然**,一个"原初在场"(Urpräsenz)的领域,它由于呼唤单个具身主体的整体回应,便在原则上也向所有他者呈现。

如此,一种看上去比其它哲学更会把自然存在理解为对象或意识的纯粹相关项的哲学,借由反思的严格的训练,重新发现了一个自然的层面,在其中精神隐藏于身体的和谐运作之中,而身体则处于原始存在的领域。笛卡尔的**自然**是自足的,它不会缺乏存在与如此的存在,亦即不可消除的存在。在这种本体论产生的经验的深处,欧洲哲学重新发现自己处在作为有方向的和盲目的生产性**自然**面前。这不是返回目的论;作为事件与概念之一致的目的论,确切地说与机械论分有共同的命运:它们是两种人为主义的观念。而自然生产仍有待以其它方式被理解。

(二) 现代科学与新的自然观念的各种迹象。

在去年的最后三分之一的课程中,我们已经开始在现代科学中寻找解决这一问题的各种要素。

诉诸于科学并不需要辩护:人们不论将哲学看成什么,它都是要澄清经验的,科学是我们经验的一个区域,它当然会被运算法则施以特别的处理;但是在那里无论以哪种方式总会碰到存在,因而不能以科学在某些本体论偏见的阵营中工作为由预先拒绝它:如果这些是偏见,那么科学本身在存在中游移时,就能找到拒绝它们的时机。存在开辟了穿过科学如同穿过所有个体生命的道路。哲学通过探问科学,将会遇见对存在的某些表述,若非如此存在便更难察觉。

然而哲学还是应该谨慎使用科学研究:没有科学技术专业能力的哲学家,不应介入归纳研究领域并在其中评定科学家。事实上科学家最普遍的争论并不属于归纳法的范围,正如他们那些不可还原的分歧所充分显示的。在这一层面上,科学家倾向于在语言领域中表达自己,总之他们都转入了哲学。这不允许哲学家保留对科学概念的最终解释。但是,他们更不能要求科学家给出最终解释,后者并没有最终解释,因为他们还在对它进行争论。哲学家需要在自负和妥协之外,找到公正的态度。这一态度在于询问科学,不是询问存在是什么(科学在存在中计算,它恒常的方法是假定未知之物为已知),而是询问存在确实不是什么;在于进入对常识概念的科学批判,在它之外,哲学无论出于怎样假设都无法立足。如物理学家所说,科学将进行"否定的哲学发现"(兰顿[①]和鲍尔[②])。

我们正是依据这种精神试图表明科学一直在进一步背离拉普拉斯在其著名的文章中确立的本体论。25年以来波动力学对实践因果性这一传统概念的批判不会终结于拉普拉斯意义上的决定论的复兴,无论概率解释的命运将会如何。有这样一种智性经验,人们没有任何理由为了维护教条的非因果性(acausalité)去求助这一经验,但这一经验却改变了因果性的意义,即使人们借助隐参数费力地使各种原则无法实现:正是这些参数被隐藏的事实揭示了教条决定论的秘密。决定论的自我批判实证地表达了怎样的世

[①] 兰顿(Fritz Wolfgang London,1900—1954),犹太裔德国物理学家。——中译注
[②] 鲍尔(Edmond Bauer,1880—1963),巴黎大学科学院教授。——中译注

界图像,对感知世界的某些哲学描述也许能隐约地看到:因为被感知的世界存在不连续性、可能性和普遍性,在那里每一存在并不被迫处于唯一的和实在的定域之中,亦不处于存在的绝对密度之上。

以同样的方式,非欧度量和相对论物理学对时空形式的科学批判,教会我们与并不诉诸观察者处境的日常时空概念决裂,使我们准备把对被感知的空间和时间——多态的空间和时间——的特定描述的全部本体论意义赋予这些描述,关于它们的常识和科学仅仅关注某些性质。相对论物理学对绝对同时性的批判并不必然引向时间的彻底多元化悖谬:批判只是预备了对前客观的时间性——它以自身的方式具有普遍性——的确认。被感知的时间无疑与一个观察者的视角相联,然而,因为这一事实,对于观察者来说,被感知的时间是同一**自然**中的所有可能观察者的共有维度,这并不是说我们有理由只赋予其他观察者一个相对于我们的时间来说扩张或收缩了的时间,相反,这是因为我们被感知的时间以它的独特性,向我们宣告了其它特性和其它被感知的时间,它们具有与我们的时间同等的权利,并在原则上建构了观察者共同体的哲学的同时性。较之于拉普拉斯的教条的客观性,人们隐约地看到由所有主体属于同一个仍无定形的存在之核所担保的客观性,他们在他们特有的处境中体验这一客观性的在场。

依据更有力的原因,如果人们考虑孔德[①]和库尔诺[②]称之为宇

[①] 孔德(Auguste Comte,1798－1857),法国实证主义哲学家,社会学家。——中译注

[②] 库尔诺(Antoine Augustin Cournot,1801－1877),法国数学家、经济学家和哲学家。——中译注

宙论的各种科学,这些科学不是专注于思考各种恒定关系,而是想借助恒定关系重构世界的生成,例如太阳系的生成,那么人们会看到各种永恒意识形态的回归——它们会将**自然**看作与自身同一的对象,看到**自然**的历史——或如怀特海所说自然的"过程"的涌现。这种考察将会被各种生命科学领域的后续课程所延续。

1957—1958

周三和周五的课程

自然的概念（续）：动物性，人的身体，通向文化

为了更清楚地定位当前的研究，我们首先返回**自然**问题与本体论的一般问题的各种关系。这里对**自然**的研究是对存在进行定义的前奏，就此来说人们也可以从人或者从上帝出发。在所有情况下，问题都在于获知"存在存在"是否是同一命题，人们是否不再能说"存在存在"与"虚无不存在"。我们在此是从存在的某些区域出发考虑这些问题——一种哲学正是在与它们的关联中得到确定，因为存在论的法则可能是：总是间接地存在，并且只从各种存在出发通向存在。

例如在笛卡尔那里，"自然"一词的两种意义（"自然之光"和"自然倾向"意义上的自然）勾画了两种本体论（对象本体论和实存本体论），笛卡尔的晚期思想试图使它们相容并超越它们，这是因为笛卡尔这时在可能与实在、目的性与因果性、意志与知性之内，在吉尔松[①]和拉波特[②]强调的"简单行动"中找到了"上帝的存在"。

[①] 吉尔松(Étienne Gilson, 1884 – 1978)，法国哲学家、历史学家。——中译注
[②] 拉波特(Jean Laporte, 1886 – 1948)，法国哲学家、哲学史家。——中译注

在笛卡尔那里就像别处那样,自然概念是复杂本体论的一个部分,它的种种变形表达了笛卡尔本体论的特定演进,我们正是在这个意义上对其感兴趣。

笛卡尔的本体论卷入其中的演变或许是几乎所有的西方本体论都要经历的。在我们所有的哲学(和我们所有的神学)中,不存在两种思想之间相互的回响与循环吗?一种思想人们可将之称为"实证主义"(存在存在,上帝从定义上说就存在,如果某物要成为存在,它只能是这个世界和在此的自然,虚无没有任何属性),另一种是"否定主义"的思想(第一真理是怀疑的真理,首先确定的是介于存在与虚无之间的领域,无限的原型是我的自由,这个世界是纯粹的事实),它颠覆了前一种思想的标记和视角,却既不能消除它也不能与之相合。不是到处都有如下这种双重的确定性吗:存在存在,显象仅仅是存在的显示和界限——而这些显象是我们通过"存在"这个词所领会的东西的准则,在这一点上,自在的存在表现为不可把握的幽灵和悖谬的东西(Unding)?不是如人们所说有一种"本体论的复视"(布隆代尔①)的东西吗?在付出了那么多哲学的努力之后我们仍不能期望对"本体论复视"做理性的还原,并且只能整个地拥有它,就像视觉获取若干单目的图像形成一个单一的图景那样。哲学不同视角的往复并非不适当或不一致意义上的矛盾,它会在存在之上被证明、被确立。人们能够要求哲学家的是承认它并思考它,而不是仅仅忍受它并交替地处于两种互相召唤又相互排斥的本体论立场中。

---

① 布隆代尔(Maurice Blondel,1881－1949),法国神学家。——中译注

现代人的**自然**观念、人的观念和上帝观念尤其混乱——他们的"自然主义"、"人文主义"和"有神论"充满歧义(今天这些立场中没有哪一种不曾转变为其它立场),这可能并不仅是堕落。今天这些意识形态之间的所有边界之所以都消除了,是因为事实上存在(严格用莱布尼茨的话说)"第一哲学的迷宫"。哲学家的任务是描述它,构思这样一种存在的概念,以使未被接受亦未被超越的各种矛盾在其中找到它们的位置。因为建基于现代辩证哲学的辩证法仍然被限制在前辩证的本体论中,现代的辩证哲学未成功实现某些东西,这些东西对于在存在本身中发现突出物(porte-à-faux)或运动的本体论而言变为可能的。

正是通过追踪自然概念的现代发展,我们在此试图达至这种新本体论。科学实践找到了事实的路线却没有彻底地表达自己的主张,因为它不仅把传统本体论看作理所当然的,而且未直面存在问题。但它的种种变革包含了丰富的哲学意义。我们想要延伸这些视角,把这些分散的线条联系在一起,并揭示这些活动的"目的论"。

去年获得的有关物理存在的各种成果已经被整合和系统化。二十世纪的物理学在以不可想象的程度提升我们施予自然的能力时,通过把自身从机械模式和更普遍的表征模式的束缚中解放出来而悖论性地提出了自身真理的意义。物理活动不再是绝对个体在绝对时空中的痕迹,这种个体把物理活动传递至其它绝对个体处。物理存在如同数学存在一样,不再是"自然",而是"各种操作整体的结构"。决定论不再是世界的组织:它是在"雾"表面的结晶(爱丁顿[①])。有些学者指出科学由此重回了"心灵主义";另一些

[①] 爱丁顿(Sir Arthur Stanley Eddington, 1882 – 1944),英国天文学家、物理学家、数学家。——中译注

学者如卡西尔[①]则说,科学的转变证明了批判的观念论。卡西尔在这一点上确实是有道理的：现代的因果性观念并不表明另外一种要素加入了世界的科学表象中,这种要素将会被附加给决定论：人们一直都寻找决定论；人们只发现了各种补充条件,在它们之外合法性不再有意义。存在的是直观的危机,而非科学的危机。在卡西尔看来,这一危机必然使我们一下子理解批判主义已教给我们的所有东西,即符号论无需被实现。现代物理学不仅使我们摆脱了"物质主义"和"精神主义",而且还使我们摆脱了整个自然哲学：自然是"既不包含行动也没有激情的关系的集合"。并没有与自然的内在(Innere der Natur)相关的意义。然而这种向批判主义的回归,并没有考虑卡西尔本人所描述的现代物理学的一些方面。因为他说,存在危机的不仅是直观,还有客体概念(Objektbegriff)。场"不再是事物,而是效果系统"。然而,如果客体概念被质疑,那么批判哲学如何能够完好无损,既然它整个地是对于客体位置的条件和方法的分析？如果科学对客体无能为力,那么先验观念论就丧失了其意义。

显然,人们称之为自然的东西确实不是事物中起作用的精神,它通过"最简单的途径"来解决其中的问题——但也不是我们身中的思维能力或决定性东西的简单投射。存在要具有如此严密的结构,它是简单且突然地使其发生的东西,我们随后通过谈论"时空连续体","弯曲空间",或者只是屈折光线的"最确定的轨迹",努力地表述它。自然是设立各种优先状态与"显性特征"(在这一词的

[①] 卡西尔(Ernst Cassirer,1874-1945),符号人类学家。——中译注

遗传学意义上)的东西,我们试图通过概念的联合来理解它——本体论的衍生物,纯粹的"过程",它既不是唯一的也不是最好的可能,它持存于我们思维的视域之中,如同一种无涉于演绎的事实。

知觉领域向我们揭示了自然的这种事实性。不论知识必然给它带来什么修正,这个领域都重新具有了它在传统科学中失去的本体论意义。如尼尔斯·玻尔[1]所说,心理学的各种描述(我们宁愿说是现象学的)与现代物理学各种观念之间的一致并不是偶然的。此外,对知觉领域的传统批判与机械的生理心理学相联,在科学家质疑机械形而上学的时候人们不能仍然坚持这种生理心理学。

在后半年中,我们试图以同样的方式确定内在于当今科学中的生命存在观念。各种生命科学亦不断引入各种"操作"概念,哲学不应消除而应确定和思考它们的模糊。这些概念是行为(科格希尔[2]和格塞尔[3]意义上的)、信息和交流概念,这些概念通过它们引发的各种争论,避免了人们试图把它们引向的传统解释。我们已经努力分离出可能、整体性、形式、场和意义各种概念,研究正是围绕它们而进行。

当前生命科学的发展并不像物理学那样,由各种理论一起促成。因此问题不在于后续的阐明,毋宁说是特定数量的测试和印证。已经有一系列课程探讨行为的各个层面。

低等行为已从于克斯屈尔[4]的视角并根据他引入的周围世界

---

[1] 尼尔斯·玻尔(Niels Bohr,1885－1962),丹麦物理学家。——中译注
[2] 科格希尔(George E. Coghill,1872－1941),美国解剖学家。——中译注
[3] 格塞尔(Arnold L. Gesell,1880－1961),美国儿童心理学家。——中译注
[4] 于克斯屈尔(Jakob Johann von Uexküll,1864－1944),德国生物学家。——中译注

(Umwelt)、感知世界(Merkwelt)和操作世界(Wirkwelt)概念[①]得到研究。我们已经讨论过主体自然(Subjektnatur)概念,这是他认为必然会达至的概念。我们已在形态发生和生理学中追踪了行为概念的运用(例如拉塞尔[②]的"内循环行为")。它引入了主题关系的概念——对立于"因果性-压力",同时引入了有限的、特殊的趋向性(directiveness)的概念,在此意义上,它既区别于隐德来希概念又区别于机器概念。低等行为如此向我们显示了有机体部分之间、有机体与环境、有机体与物种中的有机体之间的协调性,这是一种前意义。

与此相应,我们需要重新认识高等行为(例如洛仑兹[③]的相关研究,直接源自于克斯屈尔)层面上的身体惯性。如果动物存在已经是一种行动,那么就有一种仅仅是其存在延伸的动物活动。在拟态中行为和形态学无法区分,它可以说使人们看到了形态装置中的栖居行为,这种拟态揭示了行为的一个根本层面——相似性在其中生效,揭示了一种"自然的魔力",或者说生命的未分性——它既不是目的性,也不是知性与表象的关系。波特曼[④]想解读动物的类型(die Tiergestalt),研究动物的——被看作是"让人看的

[①] 对于克斯屈尔而言,Umwelt 形成的模式是功能循环,功能循环包含了知觉和运作,是为了创造一个 Umwelt。本书统一将其翻译为"周围世界",与此相对,把 Umwelt 包含所的 Merkwelt 与 Wirkwelt,依此翻译为"感知世界"与"操作世界"。——中译注

[②] 拉塞尔(Edward Stuard Russell,1887 – 1954),英国水产资源学家,动物学家。——中译注

[③] 洛仑兹(Konrad Zacharias Lorenz,1903 – 1989),奥地利比较心理学家。——中译注

[④] 波特曼(Adolf Portmann,1897 – 1982),瑞士理论生物学家,因其对形态和行为比较研究而著名。——中译注

器官"的外部显像的想法,以及对有机体的完整定义及有机体的各种激素及其各种内部进程都是必要的动物间性的概念,对有机体的价值形式主题提供了二次印证。我们正是从这里开始,依据洛仑兹着手研究各种"本能运动"、"符号刺激"和"先天启动模式",同时表明这并不涉及钥匙和锁的隐喻使他认为的机械论的复兴,而是涉及各种自发的行为类型——它们预示着世界的一个方面或一个伙伴,并且为了在一个并非独特(Prägung)的伙伴身上做真正的确定,它们有时是不足够的。由于是外部"对象"梦幻的或自恋的准备,本能能够替代、移位,能够在"空白中活动",能够"仪式化"并不令人惊讶,这些不仅将自己加于基本生命活动——如交配的例子——之上,而且转移它们,改变它们的面貌,把它们置于显现的条件下,并且揭示观看与自我显现的存在,以及一种尚待构建的"比较文献学"(洛仑兹)的符号论。

人们还尝试依照知识论的方法,即通过对生物知识的反思抵达生命存在。人们曾思忖在何种条件下我们能够正当地赋予动物一种或多种"意义",一个相联的领域或"领土",一种有效的同类关系(舒万[①]有关迁徙蝗虫的研究),并最终赋予动物一种符号生命(弗里希[②]有关蜜蜂言语的研究)。看起来所有动物学都假设了我们对于动物行为的方法论的移情(Einfühlung),动物参与我们的知觉生命,我们的知觉生命亦参与到动物性之中。我们在此发现了一种反对人为主义哲学的新论证,达尔文主义思想发展的终点

---

① 舒万(Rémy Chauvin,1913 – 2009),法国昆虫学家。——中译注
② 弗里希(Karl von Frisch,1886 – 1982),德国动物学家。——中译注

就是这种哲学。达尔文极端的机械论和极端的目的论建立在全或无的本体论原则之上：有机体完全是其所是，如果它并非其所是，那么它就被给定的条件排除在存在之外。这种思维方式的结果是掩盖了生命内环境最奇特的性质：波动中的不变性。只要与有机体或与动物群体有关，人们打交道的就不是服从于全或无法则的事物，而是不稳定的动态平衡，那里所有超越恢复了在根本上已经在场的活动，在使这些活动偏移中心时改变了它们。因此人们完全不能依照等级来理解各种物种之间或诸物种与人之间的关系：存在着质性的差异，正是由于这个原因，生命存在彼此之间不能被叠加，换言之，从此到彼的超越不是正面的而毋宁是侧面的，人们所观察到的是前瞻与回忆的各种形式。

为了恢复与不容置疑地有机的事实之间的联系，我们最终返回个体发生与胚胎学，表明施佩曼[1]的机械论解释与杜里舒[2]的解释一样，错失了可能的新概念的本质：被设想的可能不再是另一种或然实在，而是实在世界的一种元素，是普遍实在。

我们在下一年初概述系统分类学和后代理论的各种问题时将会补充这一探索，它目前已经允许我们说生命本体论，如同"物理自然"的本体论一样，只有排除所有人为主义，诉诸于我们与世界的知觉交流所揭示的原始存在，才能脱离困境。只有在被感知的世界中，我们才能理解全部身体性已经是符号论。我们在下一年转向人的身体时将尝试更为详细地描述符号论的涌现。

---

[1] 施佩曼(Hans Spemann, 1869 – 1941)，德国实验胚胎学家。——中译注
[2] 杜里舒(Hans Adolf Eduard Driesch, 1867 – 1941)，德国生物学家，哲学家。——中译注

1958—1959

[哲学的可能性[①]]

既然该课程经教育部门授权而缩短，我们更愿意把**自然**本体论的初始研究系列推迟到明年，而今年的课程则致力于对这种尝试的意义和当代哲学的可能性做一般反思。

当我们试图使**自然**脱离传统本体论所包含的实体、偶性、原因、目的、权能、行动、对象、主体、自在、自为等范畴时，我们究竟在寻求什么？新本体论与传统形而上学之间会有何种关联？新本体论会是哲学的否定或终结吗？抑或相反，是回到哲学鲜活的源头的研究？

由于黑格尔，某种东西已经终结了。在黑格尔之后存在着哲学的空洞，这并不是说缺乏思想家或天才，然而马克思、克尔凯郭尔和尼采都是通过对哲学的否定而开始的。应当说我们跟随他们进入了一个非哲学的时代吗？还是说这种对哲学的解构就是对哲学的实现？抑或这种解构保留了哲学的精华，而哲学如胡塞尔所说[②]，会死而复生？

---

① 这个概要没有题名。[《哲学作为追问》。该课程预告为"符号论和人的身体"。我们冒险对它重新进行描述，因为从开头几句开始，很清楚该课程是关于当今哲学的可能性问题的。——英译注]

② 《欧洲科学的危机与超越论的现象学》(*Die Krisis der europäischen Wissenschaften und die transzendental Phänomenologie*)，比梅尔(Walter Biemel)编，《胡塞尔全集》(*Husserliana*)第六卷(海牙：Martinus Nijhoff 出版社，1962)。

我们并非跟随黑格尔以来的思想史来寻获对上述问题的回答。我们在这条道路上遇到的那些伟大作品过于受对抗黑格尔和传统形而上学的斗争的支配，因此与这种对抗联系过密，以至于不能让人们清楚地看到哲学在它们的非哲学中能够留存之物。在这一点上这些作品的晦涩与含混是无法补救的。它们所要求的解释——我们相信能通过这些解释确定它们的信息，事实上反映了我们的问题和我们的看法。现在对马克思乃至对尼采的任何评论，事实上对我们的时代而言都是一种伪装的立场。通过返回合理的现实，这些作者都已经拒绝了哲学家的身份，并毫不犹豫地致力于解读他们的时代——即使他们能为其后代提供一种语言、一种探问、一种全新的深度分析的开端——他们也不能反过来指引后代：他们让后代给出他们作品的最终意义，他们活在我们之中而不是我们有清楚地看待他们的视角，我们在自身的困难中与他们关联在一起，而非我们克服了他们的困难。

所发生的一切就像他们已经预先描述了一个属于我们的世界，就像这个世界开始与他们所预告的样子相像起来。一旦思想先于历史而存在，他们提出的问题便照亮了我们的当下。相反，他们为他们那样正当地预想的历史所提供给我们的回应和解答——涉及的不论是马克思的实践还是尼采的权力意志——在我们看来仍然过于简单。这些解答被认为是反对形而上学的，但却仍躲在形而上学为其一部分的实在世界之下。对我们这些与马克思和尼采预感到的这个令人迷惑的世界打交道的人而言，他们的解决办法与危机并不相称。有一种哲学至少在原则上且正式地，以明确性来对比相同问题的不同的可能回应，我们发现这种哲学的历史越来越被非哲学的历史所代替,而在那里不同作者唯一共同的东西是现代的晦暗、纯粹的探问。我们在马克思和尼采的思想中并没有发现一种完成的、新的哲学,我们需要构造这种哲学,并且把当前世界考虑在内,在这个世界中,已然清楚的是,马克思和尼采对形而上学的否定并不能代替哲学。

这就是为什么在考察这两种同时代的尝试之前,我们想要描述(丝毫没有求全的奢望)历史领域或文化领域的某些现象,这些现象在人们期待它们复兴哲学时,却使哲学在我们之中丧失了威望。

就人与人之间的关系来说,即使那些并未在其中发现自然和谐的思想家,也不相信它们在我们的时代之前已被预定会陷入混乱。只有在其后继已确定的历史制度的框架内,马克思才把这些关系描述为矛盾,而这种通过历史对历史矛盾的解决无论是对欠发达的社会还是对发达的工业社会,都普遍有效。这种普遍性的内核——历史围绕着它组建自身——自我分解了。真正的问题在于知道,暴力、社会关系的不透明和世界文明的各种困境是否只取决于一种已经被超越的生产方式。然而,当这些问题被提上议事日程时,当这种怀疑(即使是对那些宣示了完全确定性的人们而言)是不可避免时,世界便从自身中分泌出一种绝望的暴力与反暴力。历史已经侵蚀了各种框架,保守思想与革命思想正是在这些框架之中形成了历史。然而不仅人类世界是难以辨认的,就连自然也变得极易引起争论。技术和科学使我们面对不再处于世界框架内却有可能摧毁世界框架的能量,同时使我们拥有各种探究的方法,这些方法甚至在被使用之前,就已经唤醒了与绝对他者相遇的古老欲望和恐惧。几个世纪以来,在人们眼中大地般坚实的事物已经被证实是脆弱的;我们预先给定的视域也变成了临时的视角。世界具有或者重新发现了一种前人类的形象。但同时,既然是人类在发现和制造,那么一种新的普罗米修斯主义会参与到我们的前人类的世界经验之中。一种极端的自然主义与一种极端的人为主义不可分割地联系在一起,不仅出现在日常生活的神话之中,而且出现在比如说由信息论或新达尔文主义所引起的精制的神话中。

如果我们只考虑这些事实,那么经验的总表就会显现为负。但是,在文化和研究层面上,被人们看作是历史与**自然**之土壤的东西的相对化进程,已被发现有一种新的坚实性。无论人们思考的是从马拉美①直到超现实主义对既成的、有意义的语言的质疑,还是思考现代绘画中所构成的各种"表象手段"与等价系统,抑或是思考在音乐和器乐的传统选择之外的普遍化问题,对具象系统的超越、对非具象的不变性的研究都更新了传统艺术形式的智慧。在所有这些领域,如同在被看作社会且几乎是日常事实的精神分析领域,分化在最好的实践者那里都被可能的多元性的新的意义所平衡和超越,技术精神的威胁被自由重组的期待所平衡和超越。

在哲学家那里,经验的肯定层面明显占据优势。哲学家所处时代的非理性主义及他们的问题的内在演进所引发的自我审查,使哲学家最终把哲学定义为对它自身的意义与可能性的追问。胡

---

① 马拉美(Stephane Mallarme, 1842 – 1898),法国象征主义诗人和散文家。——中译注

塞尔写道:"我当然知道我以哲学之名——它是我的工作的目标和领域——所寻找的是什么。但我其实并不知道。这种'知识'满足过哪个真正的思想家(Selbstdenker)吗？在他们之中任何一个人的哲学生涯中'哲学'曾不再是一个问题了吗？"①然而这个问题，这种对自我的惊异，以及由此而出现的脱离常规、不同寻常的观点，正是哲学，最终说来是"这些哲学家在意向的内在性的隐藏统一性中期望的东西，这种意向内在性独自构成了历史的统一性"。②

我们已经试着追溯了胡塞尔从"作为严格科学的哲学"到达哲学作为纯粹探问的道路，以及引导海德格尔从否定的和人类学的主题——公众把他早期的那些作品简化为这些主题——到达他不再将之称作哲学的存在之思的道路，然而，正如有人(波伏埃③)恰当地说过的，这当然不是超哲学的道路。

我们清楚地看到，在胡塞尔那里，纯粹的探问并不是形而上学的剩余、他最后的叹息，抑或对其失去的王国的怀念，而是使我们向世界、时间、**自然**和当下活生生的历史敞开，并实现哲学的永恒抱负的恰当手段。如果说有一个人担负起了这一切，那当然是胡塞尔。他在世纪之初整个地且朴实地重新开始这一切，这是通过把哲学看作对各种"本质"的清查而实现的，而各种本质在经验的所有领域抵制我们的想象变更的努力，因此是所思考领域的不变项。然而，从这一刻起，重要的便是各种本质，它们如其所是地被

---

① 《欧洲科学的危机与超越论的现象学》，增补第28卷，第509页(1935文本)。
② 同上书，第74页。
③ 波伏埃(Jean Beaufret,1907—1982)，法国哲学家。——中译注

我们体验到，如其所是地从我们的意向生活中涌现。这是胡塞尔在其思想中期，通过回到我们经验之内在意义的"还原"学说和"现象学观念论"的方案所应表达的东西。然而，还原的步骤本身必须被审查和澄清。它由此显示为悖谬的。从某种意义上说，还原的步骤教会我们的东西，我们根据自然态度通过"世界主题"已经知道了。胡塞尔的研究所揭示的，是我们与事物及他人之间关系的身体基础，似乎很难从意识的各种态度与活动出发"构成"这些原始质料——这些态度和活动隶属于另一个层面，即理论的和理想化的层面。"构成现象学"这种内在的困境再次质疑了还原方法。这种方法也被它的某些一开始未被注意的蕴含所挑战，它们只到《笛卡尔式的沉思》(1929)时期才受到胡塞尔注意，而它们一旦被发现，便使还原看起来只是众多问题的一个索引，而远不是一种一劳永逸的确定方法。讲授还原的哲学家向所有人说话；这意味着对他而言明证的东西对所有人同样是或能是明证的；因而，这意味着一个交互主体的世界，相对于这个世界，剩余的世界仍处于素朴的信仰态度中。一种整体的哲学必须阐明并构成这一领域。然而，我如何能像说明我意识的内部活动那样说明我朝向另一个自我的通道呢——即使他被还原为另一个自我的"意义"？这会把他人构造为构成性的，而且通过他人，将我还原至被构成的条件。此外，我通过反思很容易区分作为最后的和构成性的主体的自我与这个主体通过仍是其创造者的第二性的统觉所化身的经验的人——对于他人我也能做出这种区分吗？对于我他人也能做出这种区分吗？对于一个外部的见证者而言，最后的和构成性的主体难道不是与那个经验的人同在的唯一的存在者吗？费希特的一般的自我性(Ichheit überhaupt)难道不是费希特吗?《笛卡尔式的沉思》维持了链条的两端:有一种无词性变化的主体性,一种难以克服的唯我论,然而,对这种主体性本身而言,还有一种意向的"对抗"或"侵越",它把主体性关于自身知晓的一切都传至他人。

在胡塞尔为了出版而准备的最后一部著作中,现象学还原的各种疑难在使人们揣测该学说的一种新变化时突显出来。胡塞尔自此以后如同在他研究的初始阶段那样,描述现象学的特征——或许与现象学是同外延的:他说,此处所涉及的是无所不包的存在类型:包罗万象的存在方式(allumspanende Seinsweise)①——从客观世界到生活世界(Lenbenswelt)的回溯,它持续的流变产生了各种被感知的事物和**自然**,产生了我们依据笛卡尔的准确性所确定的各种构造,以及一般地产生了支撑我们调整或塑造我们与他人和真理之间关系的所有的历史形成。依据生活世界进行传达时,他人的构成或世界论点的各种二律背反便不再是毫无希望的。我们不再需要理解自为如何能从它绝对的孤立出发理解他人,或者它如何能在构成前构成的世界时思考这个世界:自我在世界之中或世界在自我之中,自我在他人之中与他人在自我之中的内在性,那胡塞尔称之为相互内含(Ineinander)的东西,静默地嵌入到整体的经验之中,这一经验构成了这些不可能性,而哲学则变成在给定的逻辑和词汇之外描述活生生的悖谬世界的尝试。还原并不是返回理想存在,而是把我们带向赫拉克利特的灵魂②,带向一种

---

① 《欧洲科学的危机与超越论的现象学》,增补第 28 卷,第 134 页。
② 同上书,第 173 页。

视域的连接(enchaînement)，带向开放的存在。正是由于遗忘了自然的和历史的世界之流，由于把它还原为自身的某些产物——如**自然**科学的客观性，哲学和理性才变得没有能力控制且首先没有能力理解人类的历史命运，它们丧失了曾经在十七和十八世纪彰显的"无限使命"的视域，却又被使精神和历史知识不再可能的客观化理想所牵累。

海德格尔的道路同胡塞尔的一样难以勾勒，并且源于一些共同的原因：评论者固着于使他们忆起哲学过往的东西，却几乎不曾在这两位作者的主要工作中追随他们：即以一种全新的思考方式恢复支撑着形而上学的**存在**(Être)经验。在海德格尔的早期著作中，人们强调虚无概念的作用与作为虚无处所的人的定义，这就是为什么人们在他的思想中寻找形而上学的人道主义替代物，不论人们是欣喜于发现形而上学的毁坏，还是运用他所描述的人类处境的尴尬位置(le porte-à-faux)从而重建形而上学。在这两种情况中，人们已然遗忘了从《存在与时间》的导言开始其反思的公开目标：不是将实存、**此在**（法语错误地将之译为"realité humaine"）描述为一个自主的和基础的领域——而是，通过此-在(Da-sein)进入**存在**，对人的某些态度的分析只是因为人是对**存在**的探问而成为主题。在《存在与时间》之后不久，对真理与我们朝向真理之敞开的分析优先于对畏、自由或烦的著名分析。海德格尔越来越少地谈论我们与存在之间的"出神"关系——这暗示了自我的优先性，以及从自我朝向**存在**的离心运动。通过指明问题丝毫不在于把存在还原为时间，而是通过时间抵达存在，并指明不能考虑绝对意义上的虚无（无化之无[nichtiges nicht]），他消除了种种含混性。只要人们愿意,完全可以将与诸存在者或世界之中的"现存者"(étants)相对的实存看作非存在,但它不是虚无或虚无化。正是在对象与"不存在的"虚无——这些相关项之外,哲学在一种"存有"中,在一种朝向"某物"即"并非乌有之物"的"开放"中发现了自身的起点。这种前客观的**存在**介于惰性本质(或实质)与处在时空点上的个体之间,这正是哲学自身的主题。对于这种**存在**——玫瑰,如盎格鲁斯·西勒修斯①所说,"是没有为什么的";它开花,因为它开花,玫瑰-风景,玫瑰-整体——人们可以说它没有自身之外的原因,它也不是自因,它没有根基,它在原则上是所有根基的不在场。胜任的存在②的这种光辉,这种主动的存在,这种正在"进行"的活动,如一位译者所言,人们关于它还能再谈论什么呢?存在这个词并非像其它词那样的符号,人们能够使这个词与一种"表象"或一个对象相符合:这个词的意义与它的运作无法区分,**存在**通过这个词在我们之中言说而非我们言说**存在**。既然诸存在者,**存在**的各种形象,在为我们开启通向存在的唯一可理解的入口时,同时以它们的总量而向我们隐藏了存在,既然揭示即是隐藏——那么我们该如何言说存在呢?我们所称的**存在**的"神秘"——这是海德格尔明确放弃的用词——是一种努力,即把我们错误的能力整合到真理之中,把世界取之不尽的丰富性以及这种丰富性所遮盖的不在场整合到世界不容置疑的在场中,并把一种追问整合到

---

① 西勒修斯(Angelus Silesius,1624 – 1677),德国神秘主义诗人。——中译注
② "胜任的存在"(être qualifié)对应于《存在与时间》第 31 节,在此作为领会,"领会"的含义是"能够领受某事"、"会某事"或"胜任某事"、"能做某事"。参见海德格尔:《存在与时间》,陈嘉映、王庆节合译,商务印书馆 2019 年版,第 203 页。——中译注

存在的明证性之中，这一追问是表达这种永恒的逃避的唯一方式。我们已经努力表明如此定向的哲学如何导向对语言分析通常使用的概念（如符号、意义、类比、隐喻、象征）的完全重构，如何导致"本体论历史"的概念（存·在·的·历·史·[Seinsgeschichte]）——它被用于人类活动与人类激情的经验史，正如言语的哲学理解被用于语言学的材料分析那样。

如果人们把哲学称为对**存在**或相互内含的追寻，哲学不会马上通向默然吗——海德格尔的小短文时不时地想要打破的不正是这种默然吗？然而，默然难道不是由他表明对根基的直接表达不可能时仍然寻求这种表达所造成的吗？难道不是他拒绝**存在**的所有镜像而产生的后果吗？我们在此从事的对**自然**的本体论的研究试图通过与诸存在者的关联及对**存在**的诸区域的探索，保持对基础内容的同等关注，这是哲学仍要优先考虑的并且是其使命。

1959—1960

周一的课程

现象学极限上的胡塞尔

对他最后的哲学文本的解释和评论

由于胡塞尔的遗稿还没有全部出版,我们的课程不能是"客观的",我们并不说这是胡塞尔的整个文本所说的或直接暗示的。然而,即使哪一天作品全部出版了,这种客观的方法能为我们提供胡塞尔的"思想"吗?只有当胡塞尔的思想,以及一般地说一个哲学家的思想是清楚地确定的概念、回应不变问题的论证、终结不变问题的结论的整体时,这一方法才是可行的。如果沉思改变了概念的意义甚至改变了问题,如果种种结论不过是探究过程的小结,这一过程被一生劳作之中始终为时过早的中断转换成"作品",那么,就不能只依据哲学家的思想所掌握的东西来确定其思想,而且要把其思想最终仍然尝试思考的东西考虑在内。当然,这种未思必须被限定它并勾画它的文字所证明。然而,这里的文字必须依据它们侧面的蕴涵而被理解,就像依据它们明确的或正面的含义被理解那样。人们需要一种胡塞尔称之为"哲学史的诗学"的东西——参与运作思维,这在涉及同代人时并不多么危险,而且对于曾经写下"历史上自在的开端是我们的当下"(das historisch an sich Erste ist unsere Gegenwart...)的人而言，运作思维可能是唯一的客观性。

为什么不从现在开始关注这些文本，因为即使只有完整的版本才会确证解释，它也不会让人不进行解释？这一努力因以下情况变得紧迫了：就像通常那样，关于胡塞尔的遗著出现了各种谣言和讨论，因为人们害怕或者希望看到胡塞尔"偏向了"他们认为是海德格尔所采取的非理性主义的方向。与文本的联系是最好的解药。正是基于这种精神，我们希望今年解释并评论其中的两个文本。

第一个是"关于作为意向-历史问题的几何学起源的追问"(*Die Frage nach dem Ursprung der Geometrie als intentional-historisches Problem*)[①]。如果几何学有一个还没有完结的，仍然是开放的历史——并且如果几何学形成了一个整体、一个系统、一个意义整体(Totalsinn)，在其中一些早期步骤由于是部分的或偶然的似乎被删去了，那么这并非巧合；理想性与历史性有共同的起源。为了找到共同的起源，仅仅需要在事件系列与非时间的意义之间中确定一个第三维度，即深度历史的或理想性发生的维度。几何学的初始步骤与所有的后续步骤，除了它们明显的或字面的意义之外，如几何学家每一次所经历的，还包含一种意义的剩余：

---

① 1939年在《哲学期刊》上发表，并刊印于胡塞尔全集第六卷第364－386页。[参见《欧洲科学的危机与超越论的现象学》(商务印书馆，2001)第427页注释，"这篇论文写于1936年；由芬克于1939年以'关于几何学的起源'(Ursprung der Geometrie)为题，发表于布鲁塞尔《国际哲学评论》杂志第1年度第2卷上。"——中译注]

这些步骤开启了一个领域，设立了一些主题，创造者仅仅将这些主题看作朝向将来的虚线（原初创造［Urstiftung］），但当它们与最早的那些习得一起被交付（流传［tradiert］）给后代时，却通过一种二次创造（追复创造［Nachstiftung］）变得切实可行，在这种二次创造中新的思维空间开启了，直至正在进行的发展终止于再创造（终极创造［Endstiftung］），于是出现了一种知识的突变，这通常借助于返回起源或途中被忽略的侧路，并且出现对整体的重新解释。几何学的这种进程、这种灵活性（Beweglichkeit）与它的理想意义完全是浑然一体的，因为这是一种场的、开端的或敞开的意义，它包含着持续的生产与再生产。任何有日期的、被签认的理想化之首要作用都在于：使理想化字面的重复成为多余，创建一种朝向未来的文化，使理想化忘却自身、超越自身，描绘一种几何学的未来视域，划定一个融贯的领域；与此相应，理想整体必须是要生成的，它要为我们提供了历史性的航迹（sillage）。尽管我们对几何学的创始人一无所知，但至少我们知道有这些人；几何学从来都不像石头或山峦那样是自然的，它只存在于"人性空间"中，它是一种精神存在，而精神存在是生成的（精神的生成［geistig geworden］）、还将变化的存在：它只为一种思想而存在，这种思想决心积极地思考、继续并进一步深入各种非实在产品的无形宇宙中。理想性就是历史性，因为理想性建基于活动之上，因为"获取一种观念的唯一方式就是产生它"。观念是不可触摸的，不可见的，因为它是完成的。一种观念的历史性并不是它融入到具有独特时间定位的系列事件中，或融入到在特定的时空点上生存的个人的心灵之中，而是它设定一种并非自身的且回应先前的各种基础的使命。观念的历史性召唤文化的全部过去和整个将来作它的见证，而为了回忆起全部可能的历史并不需要文献：历史的切入点在自身之上，在它的感性的或自然的存在与它的主动的和生产的存在的结合点上。只需要思考便能够知道，思想是生成的，它就是文化和历史。

如何理解在当下之思中对过去之思的重新采用以及对将来之思的先行具有(Vorhabe)？在一定意义上，几何学与几何学的每个真理都是永恒存在的，无论几何学家如何经常地思考它们。但是，如果有一种纯粹的与独立的理想性，那么它如何下降到发现它的意识领域中，如何在一个心灵之中诞生呢？然而，与此相对，如果人们如其必须的那样，从理想性在我们之中的诞生出发，那么如何由此通向理想的存在，超越所有实存的或可能的心灵？人们只有参考经验的蕴涵才能回答这些问题。一种含义在被说出时便离开了"意识领域"。它正是作为话语的意义(Sinn Von Reden)"为所有的人"，为了所有实在的或可能的对话者而存在。然而，语言与我们的世界和人性视域相"交织"(verflochten)。语言由我们与世界和他人的关系所产生，同时也产生并形成这种关系，正是借助语言我们的视域才是开放的和无穷的(endlos)，这是因为我们知道"万物皆有其名"，而每一事物皆为我们存在并有其存在方式。几何学家的思想继承了语言的这种传统。但是，语言只有在使世界上的各种事物成为"公共"的情况下，才使意义对所有人都是可理解的，然而，几何学并不仅仅是这种真实心灵的属性，即使所有人都认为是这样。因而我们仍未解释理想的存在。

我们也没有穷尽言说的力量。在我的意识领域之内，有一种从我发出并发给我的信息:我确信今日所思是与昨日之思相同的观念,因为它所留下的痕迹被或者可被生产思维的新活动准确地重复,这是我忆起的思维唯一真正的完成:我在不远的过去中思考,或是我过去的思维来到现在的思维中,在被动与主动之间有着相互的侵越。言说通过侵越现象或同类的传播从一个意识领域传入另一个。我作为言说的和主动的主体侵越聆听的他人,我作为倾听的和被动的主体也让他人侵越。我在自身和语言活动之中体会到,主动性总是被动性的另一面。理想性正是由此"进入"(Eintritt)。在我与我的关系和我与他人的关系中都没有超越,没有纯粹的理想性。存在着主动性对被动性的遮蔽:我正是这样思考他人、这样与我交谈的。言说并不是我的主动思维的产物,并不是低于主动思维的。言说是我的时间,我的运作,我的功能(Funktion),我的命运。精神的所有产物都是回应和召唤,是联合产物。

然而,当说话的主体睡着或不再有生命时,理想存在继续存在于所有实际的交流之外,而且理想存在看起来先于言说存在,因为后来形成各种真实观念的人们尚未出生,而他们的观念从今往后不会更不真实。——这并未把理想存在置于言说之外,而只是要求我们引入言说的一种本质变化,即书写的出现。书写,作为"虚拟的"交流,X对X的言说,不被任何活的主体所承载却在原则上属于所有人,因此唤起了一种整体的言说,最终使言说的意义转变为理想存在,并改变了人的社会性。然而,书写的纯粹意义使事物的可靠性升华,并将这种可靠性传达给思维,然而只要没有活的精神将它唤醒,它就仍然是一种僵化的、沉淀的、潜在的或休眠的意义。当人们触及整体的意义时,人们同时也触及遗忘和缺席。鲜活的意义远远超出了我们明确的思想,但它只是开放的和未完结的,而非无限的。沉淀使我们能够走得更远,同时又使我们受到空洞思想的威胁,并使起源的意义变成空的。真不可能在错误的可能性之外得到确定。

我们在此抵达胡塞尔对自我与自我以及自我与他人关系的最终思考,在等待欧根·芬克[①]卓越研究中的未刊稿出版时,我们可以对胡塞尔的思考有一个概观。既然"我"作为穿过时间的同一个思考者而起作用,且主体间性亦在起作用,那么被动性与主动性、自发的我与感性的时间就并非彼此外在的。因此在彼此之间有一种"同时性",一种不存在于前与后之间的原现在(Urgegenwart),一种先于单子的复数的本我(Ur-Ich),它不能被说成是单数的,因为它先于单数和复数——真正的"否定性"、"裂缝",先于本质与存在的区分而存在。芬克说,这些语词标示出胡塞尔晚期作品所打开的生命深度(Lebenstiefe)的新维度。但这种思辨的词汇对胡塞尔而言只是描述的辅助,是形塑先验生活之运作的工具,胡塞尔始终寻求在事实之上、分析地把握这种先验生活。胡塞尔的哲学并不会在"结果"与"观点"中固化。"即使是胡塞尔最后的哲学,亦不是用以储存的收获物,不是耕耘的精神所获取的领地,不是我们可以舒适地安居的房屋:一切都是开放的,它所有的道路都通向自由的天空。[②]"为了返回理想性问题,胡塞尔的分析超出了海德格尔

[①] 欧根·芬克:"胡塞尔弗莱堡时期的晚期哲学"("*Die Spätphilosophie Husserls in der Freiburger Zeit*"),收入《胡塞尔(1859 – 1959),现象学研究》(Edmund Husserl [1859 – 1959], *Phaenomenologica*)第四卷(海牙:Martinus Nijhoff 出版社,1960),第 99 – 115 页。

[②] 同上书,第 113 – 114 页。

关于"话语之说"①的思想。

　　关于几何学起源的残篇在上层建筑和理想性层面上使用了开放性与视域概念,而在1934年《颠覆哥白尼学说》②的文本中,人们从"根基"出发重新发现了这些概念。对于信奉哥白尼的人而言,这个世界上只有各种"物体"(Körper)。沉思要求我们必须重新了解他失去了其观念的存在的模式,土地(Boden)存在,首先是大地存在——我们生存的大地,它处在静止和运动之中,却是所有静止和运动显现的基础,大地不是由物体构成的,却是各种物体通过区分被获得的基础,大地没有"位置",却包含所有位置,大地在虚无之上承载着所有特定的存在,如同在洪水中保存所有生物的挪亚方舟一般。大地的存在与我身体(Leib)的存在之间具有相似性,我不能完全说我的身体存在是运动的,因为它总是与我保持相同的距离;而且这一相似性延伸到向我显现为"其它身体"的诸他者身上,并延伸到我理解为我的身体性变种的各种动物身上,最终延伸到地上的各种物体——因为我使各种物体进入生物社会,例如我说一块石头在"飞"。随着我将自己升至哥白尼的世界的构造

---

　　① 海德格尔:《通向语言的途中》(*Unterwegs zur Sprache*)(普利根:Neske出版社,1958),第12—13页。
　　② 尚未出版。我们自1939年起通过与胡塞尔的一个学生的交流而获知这一点,他叫阿隆·古尔维奇(*Aron Gurvitch*)。
　　此处书名"*Umsturz der kopernikanischen Lehire*"中,此处Lehire应是Lehre(学说)之误。这是胡塞尔1934年撰写的一份手稿。手稿封面上描述性的评价如下:"颠覆日常世界观解释的哥白尼学说。本源之基的大地不动。对第一科学意义上的自然的空间性的现象学起源的诸基本研究。一切必要的初步调查。"手稿德文版1940年发表,参见法伯编:《纪念胡塞尔哲学论文集》,(剑桥:哈佛大学出版社,1940),第307—326页。——中译注

之中,我便离开了初始的处境,我假装是绝对的观察者,我忘记了我地上的根基,它仍然滋养着剩余的一切,我转而将世界看作无限思维的纯粹对象,在思维面前只有可替代的对象。但这种理想化不能建立在自身之上,而有关无限的各种学科陷入了危机。我们的土地经验与身体经验为我们揭示的存在类型并不是外部感知的好奇,而是具有哲学的意义。我们的定位(implantation)包含着空间和时间的视点,自然因果性的视点,我们的"领土"的视点,以及连接了所有现实的与可能的社会的原历史——因为所有社会都处在同一个广义的"地球"空间中,最后,还包含一种作为周围世界之开启的世界的哲学,它对立于**自然**的传统科学所代表的"无限"。

周四的课程

自然和逻各斯：人的身体

我们先是完成了前几年开始的对生物学思想的样本分析，它们有关于有机体的机体生成、个体发生和种系发生。

当今的胚胎学仍然被杜里舒六十年前提出的问题所支配，因此似乎需要追踪他思想的种种转变：他认为有机体任何时候都不能被还原为它的状态，因为调节和再生表明了可能对现实的僭越，——此外，他并不把各种可能领会为"预期能力"，因为必须附加一种分类原则以确保类型的不变性，而且这两种原则的组合显然只是对发生之事的"分析的"、语词的表达——然而杜里舒有时把发展看作可逆活动的网络，在那里各种"直接刺激"彼此之间相互作用，这会使 E 元素（隐德来希）仅仅具有象征价值。科学证明有机体根本不是物理空间中的事实，它不是机器，人们既没有方法也没有权利实证地或直接地将其定义为 E 元素。然而，杜里舒仍然处于机器和生命的二择一之中：如果有机体不是机器，那么隐德来希必须是"真的实在的表达，自然、生命的真实元素的表达"，既然这种实在对科学是不可见的，那么就需要"思维"或哲学来代替它确定科学间接地意指的这种次级的实证性。这里具有启发意义的是,杜里舒在转向"哲学"时,作为一名严格的思想家,他感到必须否认隐德来希是能量、能量转换器或能量"起动器",他在其中只认识到延缓暂停或均衡的力量,因而最终只是把隐德来希限定为"复杂的否定性系统"①。他说,从"我的身体"的经验及身体与空间的关系出发,人们不可能走得更远——这是我们的同代人熟悉的方式,但如果我的身体只是机械世界中的一个小岛,那么这种方式只能引起同样的问题。我们认为,杜里舒遇到的问题表明,关于客体(机械论和生机论)的哲学和观念的哲学都不能理解生命,只有关于"某物"的哲学,或如人们当前所说的,关于结构的哲学才能阐明生命。在这个意义上,杜里舒伊始的胚胎学在我们看来似乎朝着如下方向发展,胚胎学拒绝在预成论和渐成说之间做出选择,它把这些概念看作是"补充的"并把胚胎发生描述为"决定性流变"。"梯度"和"场"概念的出现,即"有机构成"的领域——它们相互交叠,拥有了聚焦区域之外的周边,周边中的调控仅仅是概然的——的出现,表达了与物理思想同样重要的生物学思想的变革:人们拒绝空间的限制和诉诸于次级实证的因果性,人们把生命理解为物理空间再授予(réinvestissement)的一种方式,介于原本的微观现象与宏观现象之间的涌现,空间或"包络-现象"的"独特领域"。

在对种系发生的研究中,人们也感到对新理论架构的需求。

---

① 杜里舒:《关于机体的科学和哲学》(*The Science and Philosophy Of The Organism*)。伦敦:A. & C. Black 出版公司。

新达尔文主义试图根据继承自达尔文的变异-选择图式,组织对进化(微观进化、宏观进化、兆观进化)的"风格"或"计划"的描述,然而这只有在赋予变异-选择图式以全新的意义时才是可能的。正如辛普森[1]在其近著中所描述的:"进化事件的原因是先于事件的整体处境……因此当人们尝试在这种处境之内确定各种相互分离的因果要素时,已然些许偏离了现实。我们最多只能谈论'因素的复合'或者'集合'。从这种观点来看,争论在整体的进化中变异重要还是选择重要完全没有必要,这应会(虽然可能性不大)终止关于进化趋势的内部导向与外部导向的无休止论争。这些显明的选择项并不具有实在性;当诸选择项被置于这些条款之中时,它们并不必然如此:在真理中,各种选择项已丧失了意义。"[2]

与达尔文主义传统相悖的"理想形态学"在说明如下内容时不存在困难:后代关系远不是仅值得思考的事物;对遗传序列的思考使我们对其它关系——"风格"或"时代标记"——视而不见;进化与历史哲学提出了同样的问题(本质与偶性的关系——初始与简单的关系——周期论的问题),进化不能被看作关于动物学发生性或后代的事实总和(达奎[3])。然而理想形态学仅限于宣称其对抗机械论的描述的权利;它将其引入的各种观念置于我们的思维之中,并依据康德传统,把**自然**内部当作不可把握的实在。相反,进化的真实的统计概念则试图从现象出发定义生命存在,它提出了

---

[1] 辛普森(George Simpson,1902－1984),美国古生物学家。——中译注
[2] 辛普森:《进化的主要特征》(*Major Features of Evolution*),New York:Columbia University Press,1953,p. 59.——英译注
[3] 达奎(Edgar Dacqué,1878－1945),德国古生物学家。——中译注

"进化动力学"的各种原理——它们不受任何无时间的因果图式或宏观现象的限制,这一概念公开承认实在有一种标量结构,承认实在的"时空维度"是多样的。这样,各种有机体和各种类型,与化学的、热力学的和控制论的因果性之间并不存在丝毫的断裂,它们看起来是各种"波动中的阱",是各种"非随机的混合",是"现象拓扑学"的各种变量。(迈耶①)

我们最终的目标由是到达自然中的人和人的身体的显现。如果生命的生成是一种"现象",也就是说,如果它是我们根据我们自己的生命重建的,那么它就不可能是派生的,如同结果来自于原因一般。而且(这是现象学与观念论的区别),生命并不是意识的简单对象。在前面的课程中我们已经表明,只有参照被感知的自然才能思考外部自然和生命。现在我们应该将人的身体(而非意识)看作感知自然的东西,同时它又是自然的居民。因此,我们原以为已感知到的相互内含关系,在自然与人的身体之间交叉并证实。课程最后一部分的目标是,描述人的身体的活力——不是意识或纯粹反思下降到身体之中,而是生命的变形,并描述作为"精神之身体"的身体(瓦莱里)。

这首先需要一种"感性论",需要对作为知觉动物的身体的研究。因为,不能将出生这一事实分析为好像身体-工具已经从别处接受了先导思维,或相反好像被称作身体的事物神秘地生成了自身的意识。在这种情况下并不存在两种自然,一种从属于另一种,而是存在一种双重的自然。周围世界、身体图式和作为真实运动

---

① 迈耶(Karl Friedrich Meyer,1884—1974),瑞士裔美国科学家。——中译注

(Sichbewegen)的知觉的主题已经是心理学或神经生理学常见的主题,它们都表达了具有双重面孔或两个侧面的身体性观念:本己身体是被感者也是"能感者",它被看到也能去看,它被触摸也能去触,而且在第二种关系下,它包含了不能被他人把握,而只为自身所把握的一面。因此,它包含一种作为不可见者之可见性的肉身哲学。

如果我能通过本己身体与被感者之间的交融来感觉,那么我也能看并认识其它身体和其他人。既然我能看到自己,本己身体的图式便能为我看到的所有其它身体所共有。身体图式是普遍来说的身体性的一种词汇,是内部与外部之间的一种均衡系统,它要求其一而在另一之中实现自身。拥有各种意义的身体同时是意欲的身体,因而感性论在力比多的身体理论中得到延伸。弗洛伊德主义的各种理论概念,在被人们理解时已被修正和确认,正如梅兰妮·克莱因[1]的作品对弗洛伊德主义所提出的,从身体性开始,它本身已经成为在内部性中对外部性的研究,和在外部性中对内部性的研究,成为归并的整体和普遍能力。弗洛伊德的力比多并不是性的隐德来希,性也不是唯一和全部的原因,而是一种不可抗拒的维度,在它之外没有任何活动能够延续,因为人的活动完全都是躯体性的。肉身哲学与根据"无意识表象"的无意识解释相违背,无意识解释是弗洛伊德向他的时代的心理学表达的敬意。无意识即是感觉本身,因为感觉不是对被感者的理智把握,而是为被感者

---

[1] 梅兰妮·克莱因(Mélanie Klein,1882—1960),奥地利精神分析学家。——中译注

而剥夺我们自身,并向不需要思考就能辨识的事物敞开。这种无意识状态是否足以承受压抑的事实,"原初场景"的存在模式,以及它的诱惑力和吸引力?无意识的两种样式("我不知道"以及"我总是已经知道")与肉身的两个方面相符,与肉身的想象力和梦幻力相符。当弗洛伊德依据压抑的多种活动阐明压抑概念时,这一概念包含了前进与回退,向着成人世界敞开并神秘地返回性成熟前的生命的双重运动,却从此以后因其名称而被指定,变成无意识的"同性恋"(第五分析:狼人)。压抑的无意识因此是一种次级的形成,它与知觉-意识系统的形成同时,而原初的无意识只是一种放任,是最初的是,是感觉的未分性。

这通向作为自然的符号的人的身体的观念,这一观念并非是最终的,而是相反预示着一种接续。这种沉默的或未分的符号和人为的或约定的符号之间关系如何,后者在我们通向理想性和真理时表现出优先性吗?明晰的逻各斯和感性世界之间的关系将构成另一系列课程的目标。

附录一　法汉词汇对照表

a priori　验前的,先天的
actualité　现实性
adéquation　相即,相即性
alternative　二择一
antinomie　二律背反
apparence　显像,外表
apraxie　运用障碍
apriorité　优先性
architectonique　建筑术
artificialiste　人为主义
autrui　他人

calvinist　加尔文主义
capitalisme　资本主义
causalité　因果性
chair　肉身
chose　事物,事实
cogito　我思
comportement　行为
configuration　形态
connaissance　知识,认识
conscience　意识,良知
constellation　星座
construction　构成,构造
contingence　偶然性
corporéité　身体性

corporel　躯体性的
corps propre　本己身体
création　创造
culture　文化

Darwinisme　达尔文主义
déraison　无理性
descendance　后代,血缘
devenir-organisme　机体生成
dialectique　辩证的,辩证法的
dualisme　二元论

écart　间距,差距
ego transcendental　先验自我
ego　自我
entéléchie　隐德莱希
entendement　知性
enveloppe　包裹,外壳
essence　本质
esthésiologie　感性论
éthique de la conscience　良知伦理
éthique de la responsabilité　责任伦理
être brut　原始存在
être en soi　自在
être naturel　自然存在

être pour soi　自为
être total　整体存在
événement　事件
évolution　进化
existence　实存
extase　出神,绽出

facticité　事实性,非人为性
fascinaiton　迷惑,蛊惑、吸引
finité　有限性
fondamental　根基,基础
formation　形成,构形
forme　形式
formulation　构形
freudisme　弗洛伊德学派

geste　姿势,动作
gesticulation　身势化

habituel　习性的,习惯的
histoire　历史
horizon　视域

idéalisme transcendantal　先验观念论
idéalisme　观念论
idéalité　理想性
il y a　存有
image　形象
immédiat　直接的,即时的
impensé　未思
imperception　非知觉
implication　蕴含,暗含
incarné　化身的,具体的
inconscient　无意识,无意识的

incorporel　非躯体性的
indistinction　未区分性
indivision　未分性,不可分性
Ineinander　相互内含
infinité　无限性
institution　建制,组织
intentionalité　意向性
intérrogation　探问,质询
intuition　直观
irrationnel　非理性的

juridique　司法的

langage articulé　被表达的语言
language　语言
liberté　自由
libido　力比多
logos　逻各斯
Lumière　启蒙

matérialisme　唯物主义
mécanisme　机械论
mimétisme　拟态
mobilité　运动,运动性
modalité　形态
monade　单子
monde culturel　文化世界
monde d'expression　表达世界
monde sensible　感性世界
monogramme　交织
morphologie　形态学

naissance　出生,诞生
naturalisme　自然主义
nature　自然

néant 虚无
Neo-Darwinisme 新达尔文主义

obscurité 晦涩、晦暗
ontogenèse 个体发生
opérant 运作的,操作的
organisme 有机体
originaire 本源的
original 原文的,原本的
origine 原型,原作,原文
originel 原始的,最初的,原来的
ouverture 开放

paradoxe 悖论的,悖谬的
parallélisme 平行主义,平行论
parenté 亲缘性,相似性
parole 言语,话语
passage 过程
pensée 思维
perception 知觉
phénoménologie 现象学
phylogenèse 种系发生
physiologie 生理学
pluralisme 多元主义,多元论
polythéisme 多神论
pouvoir 权能,权威,力量
Prägung 特征,独特
pratique 实践
praxie 运用
prégénitale 性成熟前的
primordial 原初的,原始的
psychologie 心理学

rationalisme 唯理论,理性主义
réaliser 实现,领会,认识
réalité 实在性

réduction 还原
réel 现实
refoulement 压抑,抑制
représentation 表象
résidu 剩余
rien 乌有

schéma corporle 身体图式
sens 意义,感觉
sensible 感性的,可感的
séries génétiques 遗传序列
signification 含义
simultanéité 同时性
sincérité 真诚,真实,可靠
situation 处境
sol 基地,土壤
solidarité 连带性,相互关联
source 起源,来源
subjectivité 主体性,主观性
sujet 主体
synchronisme 同步性,同期性
système d'équivalences 均衡系统
système d'écarts 间隔系统

texture 结构,组织
topologie 拓扑学
totalité 整体性
transcendantal 先验的
transparence 透明性

umwelt 周围世界
unité 统一性

Vergesellschaftung der Gesellschaft
　　社会的社会生成
vérité 真,真理

附录二　汉法词汇对照表

包裹、外壳　envelopement
包络-现象　phénomènes-enveloppes
保存　conservation
背景　fond
悖论的,悖谬的　paradoxe
被感知的存在　être perçu
被感知的世界　monde perçu
被感知事物　chose perçu
被生者,被生的　naturé
本己身体　corps propre
本体论　ontologie
本源的　originaire
本源之基　l'arche originaire
本质　essence/Eidos（德）
表达　expression
表象　représentation
不可见　invisible

操作世界　Wirkwelt（德）
差异　différence
场　champ
超越　transcendance
沉思　médication
出神　extase/ekstasis（德）
出神,绽出　extase/Ekstase
出生,诞生,发生　naissance

处境　situation
创造　création
纯粹理性　raison pure
存有　il y a
存在　être

单子　monade
定域　emplacement
动作,姿势　geste
对立,反题　antithèse
对象,客体　objet
多神论,多神论的　polythéisme
多元主义,多元论　pluralism

二律背反　antinomie
二元论　dualisme
二择一　alternative

反思　réflexion
非反思　irréflexion
非理性　irrationalité
非知觉　imperception
否定性　négativité
符号论　symbolisme

感性　sensibilité

附录二 汉法词汇对照表

感性论　esthésiologie
感知世界　Merkwelt（德）
格式塔　gestalt
构成　constitution
观念,概念　idée
观念,构想　conception
观念论/唯心主义　idéalisme
归并　incorporation
归并　incorporation
规划,制定　elaboration

还原　réduction
行为　comportement
后代,子孙　descendance
厚度　épaisseur
花押字,字母交织　monogramme
划分、分裂　clivage
化身,体现　incarnation
活动,举措,首创　intiative

机械论　méchanisme
加尔文主义　Calvinist
间距　écart
间质世界　intermonde
简单事实　pure chose/blosse Sache（德）
建制　institution
建筑术　architectonique
铰链,交合点　charnière
结构　structure
结晶作用　cristalisation
经验　expérience
精神　esprit

开放　ouverture / offenheit

康德主义　kantisme
可见　visible
可靠性　solidité
可能性　possibilité
客体性,客观性　objectivité
空间　espace

浪漫主义　romantisme
理想化,理念化　idéalisation
理想性,理念性　idéalité
理性　rationalité
理智主义　intellectualiste
两间性,暧昧性,含混性　ambiguïté
垄断,独占　monopole
逻各斯　logos/λόγos（希）

明证性　évidence/Evidenz（德）
模式、形态　modalié
目的论　théologie

内在性,固有性　inhérence
能触　touchant
能生者,能生的　naturant
拟态　mimétisme

偶然性　contingence

平行主义,平行论　parallélisme
普遍性　généralité

启蒙　Lumière
侵越　empièter,empiètement
亲缘性,相似性　parenté
清楚的,明显的　manifeste
区分,划分　clivage

躯体　corps/Körper(德)
躯体性的,形体的　corporel
趋向性　directiveness
确定性　déterminabilité

人的身体　corps humain
肉身　chair
入口,通道　accès

社会的社会生成　Vergesellschaftung der Gesellschaft
身势化　gesticulation
身体　corps/Leib(德)
身体间性　intercorpréité
身体图式　schéma corporel
身体性　corpréité
生命冲动　élan vital
剩余　résidu
时间　temps
时间性　temporalité
实存　existence
实践　praxis
不透明的存在　être massif
始基,本原　arche
世界　monde
事件　événement
视域　horizon
弑亲罪　parricide
瞬间,一瞬　moment
思辨　spéculation
所触　touché
所感　perçu

他人　autrui
同时性　simultanéité

统一性　unité
透明性　transparence
土壤　sol/boden(德)

唯理论,理性主义　rationalism
唯我论,唯我论的　solipsisme,solipsiste
唯我论　égoïsme
唯物论,唯物主义　matérialisme
未分性　indivision
未开化的　barbare
未区分性　indistinction
未思　impensé
畏,畏惧　angoisse/Angst(德)
文化　culture
文化世界　monde culturel
我思　cogito
乌有　rien
无限存在　être infini
无限性　infinité
物化　réification
物种　espèce

习得,获得　acquisition
习性　habitude
先天的,验前的　a priori
先行具有　Vorhabe(德)
先验观念论　idéalisme transcendantal
先验自我　ego transcendantal
显像　apparence
现实性　actualité
现象学　phénoménologie
相互内含　Ineinander(德)
相即,相即性　adéquation

星座	constellation	运作的,操作的	opérant
形而上学	métaphysique	蕴含,暗含	implication
形式	forme		
形象	image	再授予	réinvestissement
虚无	néant	在场	présence
漩涡	tourbillon	绽出	ekstase
		褶皱	repli
言语	parole	真理	vérité
移情	empathie/Einfühlung(德)	真实性	exactitude
议事录	recès	整体存在	être total
异化	aliénation	整体性	totalité
意识,良知	conscience	整体性	totalité
意向性	intentionalité	知觉	perception
意义	sens	知识,认识	connaissance
因果性	causalité	知性	entendement
隐德莱希	entéléchie	直观	intuition
涌现	émergence	周围世界	umwelt(德)
优先性	apriorité	主题关系	thématisme
有机体	organisme	主体	sujet
有限性	finité	主体性,主观性	subjectivité
语言	langagage	资本主义	capitalisme
预沉思	prémédication	自然	nature
预先存在	preéxistence	自然存在	être naturel
元素	element	自然主义	naturalisme
原初的	primordial	自为	pour soi
原始存在	être brut	自为	être pour soi
原文的,原本的	original	自我	ego
运用	praxie	自由	liberté
运用障碍	apraxie	自在	être en soi

附录三 中西人名对照表

埃尔　Lucien Herr
爱丁顿　Sir Arthur Stanley Eddington
爱普斯坦　Jean Epstein
巴利雅　Jacques Paliard
柏格森　Henri Bergson
柏拉图　Plato
鲍尔　Edmond Bauer
贝玑　Charles Péguy
波伏埃　Jean Beaufret
波特曼　Adolf Portmann
玻尔　Niels Bohr
布隆代尔　Maurice Blondel
布隆施维克　Léon Brunschvicg
达尔文　Charles Darwin
达奎　Edgar Dacqué
笛卡尔　René Descartes
杜里舒　Hans Driesch
杜里舒　Hans Adolf Eduard Driesch
费弗尔　Lucien Febvre
芬克　Eugen Fink
弗里希　Karl von Frisch
盖鲁　Martial Gueroult
戈德斯坦　Kurt Goldstein
格茨曼　Gerstmann
格塞尔　Arnold L. Gesell

古尔维奇　Aron Gurvitch
海德格尔　Martin Heidegger
黑德　Henry Head
黑格尔　G. W. Friedrich Hegel
洪堡　Wilhelm von Humboldt
胡塞尔　Edmund Husserl
吉尔松　Étienne Gilson
加尔文　Jean/John Calvin
卡西尔　Ernst Cassirer
康德　Immanuel Kant
康斯塔姆　Oskar Kohnstamm
柯瓦雷　Alexandre Koyré
科格希尔　George E. Coghill
克莱因　Mélanie Klein
勒弗尔　Claude Lefort
孔德　Auguste Comte
库尔诺　Antoine Augustin Cournot
拉波特　Jean Laporte
拉塞尔　Edward Stuard Russell
兰顿　Fritz Wolfgang London
朗格　Johhannes Lange
卢卡奇　György Lukács
罗丹　Auguste Rodin
洛仑兹　Konrad Zacharias Lorenz
马克思　Karl Marx
马拉美　Stephane Mallarmé

迈耶　Karl Friedrich Meyer
梅洛-庞蒂　Maurice Merleau-Ponty
米高特　Albert Michotte
米什莱　Jules Michelet
普利策　George Politzer
舍因克　Scheinker
施佩曼　Hans Spemann
舒万　Rémy Chauvin
司汤达　Stendhal
斯宾塞　Herbert Spencer
斯特劳斯勒　Straussler

索绪尔　Ferdinand de Saussure
瓦莱里　Paul Valéry
韦伯　Max Weber
韦特海默　Max Wertheimer
翁波当　André Ombredane
西勒修斯　Angelus Silesius
谢林　Friedrich W. J. von Schelling
辛普森　George Gaylord Simpson
雅各布逊　Roman Jakobson
于克斯屈尔　Jakob J. von Uexküll

译 后 记

我对梅洛-庞蒂著作的研究和翻译始自十多年前。大约是在2015年左右,我受杨大春教授的邀请,接受了本书的翻译工作。虽然它的字数不长,但翻译工作延续数年。正如法文版编者导言所说,梅洛-庞蒂1952—1960年的教学内容"被缩减为力量最简短的印记",翻译需要穿透这些印记,重新激活那些丰富而又艰深的思考,这无疑是困难而又艰巨的。

而今回首我这些年的工作,事实上都是为翻译所做的准备。我自2007年开始现象学的学习,在钱捷教授的指导下,由我的师兄钟汉川博士带领,从胡塞尔开始系统地学习现象学。回想2007年的夏天,钱老师带着学生们漫步于南开马蹄湖畔时,彼时的我几乎听不懂钱老师说的话,也不知道他和师兄们高谈阔论什么。当时钱老师高屋建瓴地指出,如果做梅洛-庞蒂,需要从胡塞尔和海德格尔入手,他们是理解梅洛-庞蒂的基础和参照。

钱老师调离南开大学之后,钟师兄为我一个人开设了《逻辑研究》(三卷本)的课程。在为期一年的课业中,钟师兄和我轮流讲读《逻辑研究》上下卷。虽然我们只读到第五研究,但师兄细致严谨的态度为我的求学之路打下坚实的基础。2008年,钱老师鼓励我参加在北京大学举办的"梅洛-庞蒂诞辰一百周年国际研讨会",钟师兄具体负责我文稿的撰写,他的严格要求使我在字里行间体验论证的逻辑特性。钱老师那次聚焦于梅洛-庞蒂现象学对胡塞尔的改造,他以《知觉现象学》前言中的说法:"完全还原的不可能性"为题,用法文做主题报告。那时参会的有法国梅洛-庞蒂手稿专家奥贝尔教授(Emmauel de Saint Aubert),巴黎胡塞尔档案馆后来的馆长伯努瓦教授(Jocelyn Benoist)等。钱老师依据"想象变更"解读现象学的操作,并据此讲述梅洛-庞蒂对胡塞尔的创解;而法国学者则注重对手稿和文本的细致研究,他们在同一领域展现的不同风格深深地触动了我。

  我最早的翻译经历始于 2010 年,那时我还在巴黎四大交流访学,围绕梅洛-庞蒂的《自然》手稿开展博士论文研究。作为博士论文工作的一部分,我打算翻译法国梅洛-庞蒂研究专家巴尔巴拉教授的文章"Merleau-Ponty et la Nature"[①]。即便我的语言基础和翻译经历都很薄弱,钱老师仍然支持我、鼓励我开展这一工作,并在我完成后字斟句酌地校对译稿。正是在那一次"触目惊心"的批红和修改中,我被钱老师的学问之真、语言之精和思虑之诚所震撼。校对之后,钱老师并没有评论翻译水平的高低,而是与我讨论两个问题:一个是哲学论证的"起承转合",就像唐诗的四阕一样,立题破题抒情起兴,它们有严丝合缝的对应关系和格律要求;另一个是西语和汉语表达习惯的差异:西语的定状补限定长句;汉语则

[①] Barbaras, Renaud. "Merleau-Ponty et la Nature", in *Chiasmi International 2: From Nature to Ontology*[C], Mauro Carbone, Leonard Lawlor, Renaud Barbaras(ed). Mimesis, 2000:47-62. 该文章的中文版由笔者译出,"梅洛-庞蒂与自然",载于《现代哲学》,2010:(6)。

重语言节奏强调短句等。我的译稿把法语的长句、限定句全部拆分为短句,并在句子间补充了大量重复性的限定词。钱老师校对时逐一把它们删掉,把短句重新合并为长句,并提醒我体会中西表达的分殊。满屏的批红记录了拆分和组合的撞击,我在红色的冲击中眩晕,一时间应接不暇。至于"起承转合"的论述,那是我日后在长久的时间和空间历练中一再总结和反省的方面。

另外值得一提的是,我的学术生涯中与马克思主义哲学关联的日子。这种关联在我任教于华中科技大学时,以间接的方式展开。受邓晓芒教授所领衔的德国古典哲学团队的影响,我在康德哲学、胡塞尔哲学及其与马克思的关联中受到潜移默化的熏陶。2016年,我在董尚文教授的推荐下,受邀到辅仁大学士林哲学研究中心访学,从而对基督教哲学产生了兴趣。此后,在基督教思想与德国古典哲学的关联中,系统地阅读费尔巴哈相关著作,并在费尔巴哈的评价中与马克思汇合。然而,研究的间接关联并没有使我走向马克思,直到我从华中科技大学调离。我在调入南开大学时被调配至马克思主义哲学教研室,受环境激发自觉关注马克思主义哲学,而它的突破口是:梅洛-庞蒂在四五十年代对马克思的系列研究。待我系统地校对《自然摘要》一书时,我才体会到这种关联对翻译工作的重要性。

如前所述,本书是对梅洛-庞蒂五十年代讲课内容的浓缩记录。这些内容中至少有一半直接或间接地关联于马克思、西方马克思主义抑或马克思对黑格尔哲学的批判。其中:《一种历史理论的素材》是对历史唯物主义相关争论的现象学研究;《辩证哲学》、《关于辩证法的各种文本与评论》则在辩证法与现象学的关联中,讨论黑格尔、马克思和其它辩证思维等问题;《哲学的可能性》和《1956-1957自然的概念》在本体论相关问题上,兼及马克思的著作和西方马克思主义的讨论。其它各篇则在黑格尔主义的评述中,或多或少地关联于马克思主义。因此,我在南开大学研读马恩著作的经历,对译稿的进一步完善至关重要。

事实上,我对《自然摘要》一书的翻译始自于2016年,初稿大约完成于2017年。由于我的知识面和原作涉猎领域相差悬殊,译文初稿只能算作字面上的翻译。作者信手拈来的文学和政治作品,我了解甚少更谈不上确切。由于法文版的注释并不完整,我借助英译版按图索骥,通过文献传递、购买二手图书等方式,尽可能收集相关参考文献,并逐一进行阅读和核对。至今记忆犹新的是,在《关于语言的文学使用研究》一篇中,作者引用瓦莱里:《我的浮士德》(巴黎:伽利玛出版社,1946)而没有页码。我遍寻国内图书馆未果,后在孔夫子上购入二手书。当我小心翼翼地拆开收到的包裹,发现这本1946年的书不仅纸张是黄的,而且页面几乎全部黏连在一起,书口参差不齐。为了阅读,我不得不学习图书修补的技能:无论是切分书口的忐忑还是期待阅读的急切,至今想来仍然心绪难平。

所幸阅读补充的信息使译稿略有改进,我便把润改稿发给了出版社的关群德老师。此后经年、诸事繁杂,译稿暂未出版。后续的研读使我一再发现译稿中的问题,尤其是上文所列马克思主义关联内容,当我2021年再看时已然不得要领。当时恰逢杨大春老师的国家课题结项,于是我主动要求校对本书,并对马克思主义关联部分进行重译。也是在这次校对过程中,我深切体会到钱老师多年前与我谈论翻译时,所论起承转合和中西差异等问题的深意。当我返回马克思的经典文本,从逻辑理路和论题推进中梳理法语的修饰和限定时,我逐渐理解了梅洛-庞蒂在马克思主义研究中的深意,并对翻译产生了深切的体会。法语中的替代和修饰关系只有按照原始语序来表达,才是清晰而简洁的,离开法语表达习惯而做得拆分、调整,要么在代词上造成含混、要么在逻辑上出现偏差,他们的差异需要敏锐的体察、确切的分析和精准的表达。

2021年,随着《梅洛-庞蒂文集》的陆续出版,我得以对照已出版各卷的词汇表,校核译稿中的各种术语。由于法文版《告读者》已经交代了成书情况,考虑到原作篇幅并不长,译稿并未写序,校对也只是补充了前稿的"译后记"。然而,随着研读的深入和现实的和合触碰,我在2022年底再次对文稿进行修补。这一次,我把"译后记"中的内容简介切分出来,单独撰写了"中译者序",并交代了本书内容的发表和编纂过程,及其与梅洛-庞蒂其他手稿的对应关系,方便读者拓展研读时进行检索。

时空的流转于我而言是历练,对译稿而言则是不断严整的成长。面对翻译工作,我始终如履旷谷、如涉冬川。幸而有众位师友的助力:钱捷老师在精神与学术上的提引,杨大春老师未间断的鼓励;关群德老师对译稿所做的精细的修正;张廷国老师对书中德语的讲解和校对,钟汉川师兄在治学道路上对我的教引,以及李佩纹、汪炜、周天骄等与我的反复讨论——尤其是佩纹师姐与我细致地讨论了四篇文章①的译文,我在此谨对诸位师友的帮助表示由衷的谢忱。

"独览梅花扫腊雪,细眄山势舞流溪。"韶光如流,用之不勤!

2022 年 12 月
于天津

---

① "感性世界与表达世界"、"关于语言的文学使用研究"、"自然的概念"和"自然的概念(续)"四篇。

图书在版编目(CIP)数据

梅洛-庞蒂文集.第17卷,法兰西学院课程摘要/(法)梅洛-庞蒂著;王亚娟译.—北京:商务印书馆,2023
ISBN 978-7-100-22561-8

Ⅰ.①梅⋯ Ⅱ.①梅⋯②王⋯ Ⅲ.①梅洛-庞蒂(Mreleau-Ponty,Maurice 1908-1961)-文集 Ⅳ.①B565.59-53

中国国家版本馆CIP数据核字(2023)第101266号

权利保留,侵权必究。

梅洛-庞蒂文集
第17卷
法兰西学院课程摘要
1952—1960
王亚娟 译

商 务 印 书 馆 出 版
(北京王府井大街36号 邮政编码100710)
商 务 印 书 馆 发 行
北京通州皇家印刷厂印刷
ISBN 978-7-100-22561-8

2023年8月第1版 开本710×1000 1/16
2023年8月北京第1次印刷 印张 8¾
定价:70.00元